초등학생을 위한

표준 한국어

교사용 지도서

고학년
의사소통 3

초등학생을 위한
표준 한국어

국립국어원 기획 · **이병규** 외 집필

고학년
의사소통 3

마리북스

발간사

국립국어원에서는 교육부 2012년 '한국어 교육과정' 고시에 따라 교육과정을 반영한 학교급별 교재 개발을 진행하였습니다. 이어서 2017년 9월에 '한국어 교육과정'이 개정·고시(교육부 고시 제2017-131호)됨에 따라 2017년에 한국어(KSL) 교재 개발 기초 연구를 수행하였고, 연구 결과를 바탕으로 초등학교 교재 11권, 중고등학교 교재 6권을 개발하여 2019년 2월에 출판하였습니다.

교재에 더하여 학교 현장에서 다문화가정 학생들의 한국어 의사소통 능력 및 학습 능력 함양에 보탬이 되고자 익힘책을 개발하게 되었습니다. 교재와의 연계성을 높인 내용으로 구성하여 말 그대로 익힘책을 통해 한국어를 더 잘 익힐 수 있도록 노력하였습니다. 더불어 익힘책의 내용을 추가 반영한 지도서를 함께 출판하여 현장에서 애쓰시는 일선 학교 담당자들과 선생님들에게도 교재 사용의 길라잡이를 제공하고자 하였습니다.

'다문화'라는 말이 더 이상 낯설지 않은 한국 사회에서 다문화가정 학생들이 한국 사회 구성원으로서의 정체성 함양에 밑거름이 되는 한국어 능력을 기르는 데 《초등학생을 위한 표준 한국어》가 도움이 되기를 바랍니다. 국립국어원에서는 이제껏 그래왔듯이 교재 개발 결과가 현장에서 보다 잘 활용될 수 있도록 돕기 위하여 교재 개발은 물론 교원 연수 등을 통해 지속적으로 다문화가정 학생들의 한국어 능력 향상을 위해 노력하겠습니다.

끝으로 3년간 《초등학생을 위한 표준 한국어》 교재와 익힘책, 지도서 개발과 발간을 위해 애써 주신 교재 개발진과 출판사에 깊은 감사의 말씀을 드립니다.

2020년 2월
국립국어원장 소강춘

머리말

2012년 '한국어(KSL) 교육과정'이 고시되면서 초등 및 중등 학습자를 위한 한국어(KSL) 교육은 공교육의 체제 속에서 전개되어 왔습니다. 모어 배경과 문화, 생활 경험과 언어적 환경 등에서 매우 다양한 한국어(KSL) 학습자들은 '한국어(KSL) 교육과정'이 적용된 《초등학생을 위한 표준 한국어》를 배워 왔고 일상생활과 학교생활에 필요한 한국어 능력을 길러 왔습니다. 이제 학교에서의 한국어(KSL) 교육은 새로운 도약을 목전에 두고 있다고 할 수 있습니다. 지난 2017년에 '한국어(KSL) 교육과정'이 개정되면서, 새로운 교육과정이 적용된 《초등학생을 위한 표준 한국어》 11권이 2019년에 출간되었습니다. 그리고 올해는 《초등학생을 위한 표준 한국어 익힘책》 11권이 세상에 빛을 보게 되었기 때문입니다.

새 교육과정에 따라 편찬한 《초등학생을 위한 표준 한국어》와 《초등학생을 위한 표준 한국어 익힘책》은 세 가지 원칙을 분명히 하였습니다. 첫째, 개정된 교육과정의 관점과 내용 체계, 교재 개발을 위한 기초 연구의 성과 등을 충실히 반영하는 것입니다. 〈의사소통 한국어〉 교재와 〈학습 도구 한국어〉 교재를 분권하고, 학령의 특수성을 고려한 저학년용, 고학년용 교재의 구분 등도 이러한 맥락에서 실행되었습니다.

둘째, 초등학교 한국어(KSL) 학습자와 교육 현장을 충분히 이해하고 고려하는 것입니다. 이를 위해 연구 집필진은 초등학생 한국어 학습자의 언어 환경, 한국어 학습의 조건과 요구 등을 파악하는 데 많은 노력을 기울였습니다.

셋째, 《초등학생을 위한 표준 한국어》와 《초등학생을 위한 표준 한국어 익힘책》을 긴밀히 연계하여 교수·학습의 효과와 효율성을 높이고자 하였습니다. 본책에서 목표 어휘와 목표 문법에 대한 부족한 활동을 익힘책에서 반복·수행하여 익힐 수 있도록 연계하였습니다.

이 교사용 지도서는 위와 같은 원칙하에 개발된 《초등학생을 위한 표준 한국어》와 《초등학생을 위한 표준 한국어 익힘책》을 교수·학습 상황에 효과적으로 연계하여 활용할 수 있도록 하였습니다. 한국어 교육 경험이 많지 않은 선생님도 이 지도서를 참고하여 교재 연구를 하면 수업 설계를 잘 할 수 있을 것입니다. 특히, 교수·학습의 절차와 교육 내용 등을 교사 언어와 함께 구체적으로 기술하여 수업을 설계하는 데 편의를 도모하고자 하였습니다.

이뿐만 아니라, 이 지도서는 교수·학습 내용에 대한 배경지식과 참고 정보를 풍부하게 제시하고 있으며, 교수 방안에 대한 아이디어 또한 다양하게 제시하고 있습니다. 이를 참고하면 초등학교 한국어 학습자의 특성을 고려한 교수·학습을 수행하는 데 도움이 될 수 있을 것입니다.

초등학교 한국어 교육 현장에 적합한 교육을 설계하고 구현하기 위하여 개발한 교사용 지도서는 많은 분들의 지원과 노력으로 완성되었습니다. 우선 새로운 방식의 지도서가 편찬될 수 있도록 지원을 아끼지 않은 교육부와 국립국어원 관계자 여러분께 깊이 감사드립니다. 그리고 고된 작업 일정과 어려운 여건 속에서도 진심과 열정으로 임해 주셨던 연구 집필진 선생님들께, 그리고 마리북스출판사에도 깊은 감사의 마음을 전합니다.

이 지도서가 선생님들이 한국어(KSL) 교수·학습을 운영하는 데 올바른 지침이 될 수 있기를 바랍니다. 이렇게 이루어진 한국어 수업을 통하여 초등학교 한국어 학습자들이 학교생활에 잘 적응할 뿐만 아니라, 교과 학습의 기초와 기반을 다질 수 있는 한국어 능력을 갖게 되길 희망합니다.

2020년 2월
저자 대표 이병규

일러두기

 지도서 소개

《초등학생을 위한 표준 한국어 의사소통 교사용 지도서》는 한국어(KSL) 교재의 교육 목표를 현장에 충분히 구현할 수 있도록 하는 데 목적을 두고 구성했다. 본 지도서의 특징은 다음과 같다.

교사 중심의 교사용 지도서

- 교육 절차와 교육 내용 등을 상세하고 구체적으로 기술하여 한국어(KSL) 교육 경험이 많지 않은 교사도 본 지도서를 참고하면 양질의 수업을 진행할 수 있도록 했다.
- 교사가 알고 있어야 하는 관련 지식과 다양한 활동을 기반으로 한 교수·학습 지침, 유의점 등을 상세하고 구체적으로 기술했다.
- 단원별로 수행 과제로 부과할 만한 교육 활동을 제공하거나 여건에 따라 익힘책 활동을 과제로 전환할 수 있도록 유도하여 교사들의 편의를 도모했다.
- 다양한 유형의 지도서 사용자들을 고려해 단계에 맞는 교사 언어를 제공했다.

다양한 교육 현장에서의 활용을 고려한 지도서

- 교재의 단원 구성 원리와 교수 절차에 맞춰 개발함으로써 실제 사용상의 효율성을 높였다.
- 단원별로 8~10차시를 적절한 교육 시수로 설정하였으나 교육 현장의 상황이나 여건에 맞춰 선택적 사용이 가능하도록 내용을 구성했다.
- 교재와 익힘책의 긴밀성을 확보하는 방향으로 지도서의 내용을 구성했다.

초등 학습자의 특성을 고려한 교수 방안

- 성인 학습자에 비해 경험의 폭이 한정되어 있고 학습 동기의 양상도 다른 초등 학습자를 배려한 교수·학습 방안을 개발했다.
- 교사로 하여금 《초등학생을 위한 표준 한국어》에 반영되어 있는 초등 학습자의 관심사와 학습 흥미를 이끌어 낼 수 있게 도와주고, 학습자가 간접 경험의 기회를 많이 가질 수 있도록 하는 데에 도움을 주는 장치를 다수 마련했다.

- 초등학생들이 경험하는 일상생활과 학교생활을 고려한 교수·학습 방안을 개발했다.
- 초등학생에게 필요한 학습 어휘와 학습 주제를 활용하는 방안을 제시하여 교사가 현장에서 바로 적용하여 사용할 수 있도록 했다.

수업 전반의 진행 방식 및 각 단계의 진행 방식의 구체적 방법을 제시하는 지도서

- '어휘 지식' 등과 같은 보충적 설명을 통해 교사가 사전에 숙지해야 할 내용을 제공하여 지도서가 교사 재교육에 일조할 수 있도록 했다.
- 각 활동을 설명하는 '교사 언어'를 제공하여 활동에 대한 교사와 학습자의 이해도를 높일 수 있도록 했다.

알아 두기

〈'알고 있나요?'와 '점검하기'에 대한 적절한 지도를 위해 알아 두어야 할 사항〉

- 교사는 학습자가 '알고 있나요?'를 통해 해당 권을 학습하기 전 스스로 한국어 실력을 확인해 볼 수 있도록 지도한다.
- '알고 있나요?'에서 제시된 문제의 70% 이상을 이해하였을 때, 해당 교재를 학습하기 위한 최소한의 언어 능력이 있다고 판단할 수 있다.

- 교사는 학습자로 하여금 교재의 해당 권을 모두 학습한 후에 '점검하기'를 통해 종합적 연습을 할 수 있도록 지도한다.
- '점검하기'에서 제시된 문제의 80% 이상을 이해하였을 때, 해당 교재의 내용을 충분히 학습하였다고 판단한다. 단 학생이나 현장의 특성에 따라 필수 차시만 학습하고 '점검하기'를 접하게 된 경우에 '점검하기' 문제를 80% 미만으로 이해하였다고 판단되면 해당 교재의 필수 차시를 복습하거나 선택 차시를 학습하도록 지도할 수 있다.

2 지도서의 단원 구성

《초등학생을 위한 표준 한국어 의사소통 교사용 지도서》의 단원은 다음과 같은 순서로 구성된다.

단원명 ⇨ 단원의 개관 ⇨ 차시 전개 과정
⇨ 단원 지도상의 유의점 ⇨ 차시별 교수·학습 방법 제시

3 지도서의 단원별 내용 구성

지도서의 내용 구성과 제시의 특징은 다음과 같다.

① 단원의 개관

- 단원의 학습 주제와 학습 활동, 학습 어휘와 문법에 대한 설명을 간략하게 제시했다.
- 단원의 학습 목표와 주제, 장면, 기능, 문법, 어휘, 문화, 담화 유형을 제시했다.

② 차시 전개 과정

- 필수 차시의 차시 제목, 성격, 학습 내용, 교재와 익힘책 쪽수 정보를 제시했다.
- 선택 차시의 차시 제목, 성격, 학습 내용, 교재와 익힘책 쪽수 정보를 제시했다.

③ 단원 지도상의 유의점

- 단원을 지도할 때 전반적으로 유의해야 할 점을 제시했다.

④ 차시별 교수·학습 방법 제시

- 수업 과정에 따라 차시별로 교수·학습 방법을 제공하여 교사의 지도 방향을 구체화했다.
- '주요 학습 내용'을 통해 목표 어휘와 문법 정보, 준비물을 제시했다.
- '어휘 지식' 항목을 설정하여 단원에서 학습해야 하는 목표 어휘와 관련된 전문 지식을 제시했다.
- '문법 지식' 항목을 설정하여 단원에서 학습해야 하는 목표 문법과 관련된 전문 지식을 제시했다.
- '교사 언어(선)'를 제공하여 실제 수업에서 교사가 교육 내용을 어떻게 발화해야 하는지를 구체적으로 제시했다.

단계별 지도서 세부 사항

① 단원의 시작

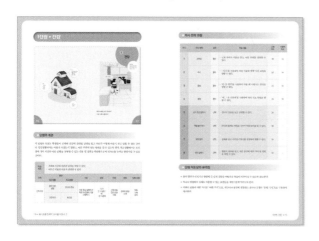

- 해당 단원의 학습 목표, 장면, 기능, 문법, 어휘, 문화, 담화 유형 등 전체 내용을 조망하고 확인할 수 있도록 구성했다.
- 해당 단원의 차시 전개 과정, 필수 학습, 선택 학습, 익힘책과의 연계성을 설명했다.
- 단원명, 단원의 개관, 차시 전개 과정, 단원 지도상의 유의점의 순으로 구성했다.

② 필수 차시(1~4차시)

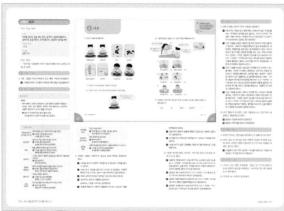

- 필수 차시는 2쪽으로 구성하고 '도입, 제시, 설명, 연습, 적용, 정리' 등 각 단계에 따른 지도 내용을 안내했다.
- 주요 학습 내용으로 '어휘, 문법 및 표현, 준비물'을 안내하고, 해당 차시의 학습 목표를 제시했다.
- 어휘 지식에서 '발음, 정의, 예문' 등을 제시했다(어휘에 따라 '정보' 항목은 선택적으로 제시할 수도 있다).
  - 발음: 발음이 표기와 다를 경우 한국어로 제시했다.
  - 정의: 한국어기초사전 및 표준국어대사전의 풀이를 참조하여 초등학생 수준에 적합하게 풀어썼다(다만 정의의 의미는 학생들에게 알려 주는 것이 아니라 교사에게 주는 정보이다).

- 예문: 해당 어휘 의미가 문맥에 잘 나타난 예문을 새롭게 제시했다.
- 문법 지식에서 '설명, 예문, 형태, 예시' 등을 제시했다.
  - 설명: 학습자 언어 등급에 맞는 용어와 문장을 통해 문법을 새롭게 설명했다(해당 문법의 모든 의미가 아닌 해당 단원에서 쓰인 문법의 의미만을 설명했다. 교재에 제시된 문법 설명과 동일한 설명은 되도록 지양했다).
  - 예문: 교재 예문과 중복되지 않은 예문으로 2~3개 더 추가했다.
  - 형태: 조건에 따라 이형태를 제시했다.
  - 예시: 이형태의 용례를 제시했다.

③ 선택 차시(7~10차시)

- 선택 차시는 1쪽으로 구성하고 '도입, 전개, 정리', '읽기 전, 읽기 중, 읽기 후', '쓰기 전, 쓰기 중, 쓰기 후', '대화 전, 대화 중, 대화 후' 등 해당 내용에 적합한 단계에 따라 지도 내용을 안내했다.
- 주제와 관련한 질문을 통해 학생들에게 주제를 추측할 수 있도록 도움을 줄 수 있는 교사 언어를 제시했다.
- 언어 학습과 함께 한국 문화를 익힐 수 있는 보충 내용을 소개했다.

차례

1단원 • 건강

단원의 개관

이 단원의 목표는 학생들이 신체와 건강에 관련된 낱말을 알고 어디가 어떻게 아픈지 묻고 답할 수 있는 것이다. 일상생활에서는 어떻게 다쳤는지 말하고, 아픈 부위에 맞는 병원을 갈 수 있도록 한다. 학교생활에서는 보건실에 가서 자신의 아픈 상황을 설명할 수 있는 내용 및 장면을 학습함으로써 의사소통 능력을 향상시킬 수 있을 것이다.

학습 목표	• 신체와 건강에 관련된 낱말을 말할 수 있다. • 어디가 어떻게 아픈지 설명할 수 있다.						
주제	장면		기능	문법	어휘	문화	담화 유형
	일상생활	학교생활					
신체 건강	몸이 아픈 상황	친구의 증상	아픈 증상 설명하기 학교 보건실에 도움 요청하기	-다가 인 것 같다 에 -은 다음에	신체 어휘 건강 관련 어휘	한국의 병원 소개	대화 노래 동화
	안전사고	보건실					

● 차시 전개 과정

차시	차시 제목	성격	학습 내용	교재 쪽수	익힘책 쪽수
1	보건실	필수	• 신체 부위의 이름을 알고, 아픈 부위를 설명할 수 있다.	18	12
2	사고	필수	• '-다가'를 사용하여 다친 이유와 함께 다친 표현을 말할 수 있다.	20	14
3	증상	필수	• '인 것 같다'를 사용하여 아플 때 나타나는 증상을 말할 수 있다.	22	16
4	병원	필수	• '에', '-은 다음에'를 사용하여 병의 치료 방법을 말할 수 있다.	24	18
5	감기 증상 말하기	선택	• 감기의 증상을 알고 설명할 수 있다.	26	-
6	역할 놀이 하기	선택	• 의사와 환자로 역할을 나누어 역할 놀이를 할 수 있다.	28	-
7	동화 읽기	선택	• 동화를 읽고 이어질 이야기를 상상하여 말할 수 있다.	30	-
8	생각 넓히기	선택	• 병원의 종류를 알고, 아픈 증상에 따라 가야 할 병원을 말할 수 있다.	32	-

● 단원 지도상의 유의점

◆ 몸의 일부가 아프거나 병원에 간 실제 경험을 바탕으로 학습이 이루어질 수 있도록 유도한다.

◆ 학교나 병원에서 실제로 사용할 수 있는 표현들을 자연스럽게 익히도록 한다.

◆ 어휘나 표현에 대한 지식은 '어휘 지식'으로, 체언이나 용언에 결합하는 조사나 문형은 '문법 지식'으로 구분하여 제시한다.

1차시 보건실

· 주요 학습 내용

어휘
머리, 눈, 코, 귀, 입, 어깨, 허리, 배, 손, 팔, 발, 무릎, 다리
준비물
듣기 자료, 빈 종이

· 학습 목표
· 신체 부위의 이름을 알고, 아픈 부위를 설명할 수 있다.

1 도입 – 3분

1) 17쪽 그림을 보고 간단한 질문과 설명을 한다.
   🔵 여기는 어디예요?
   (의사 선생님을 가리키며) 이 사람은 누구예요?
   무엇을 하고 있어요?
   유키는 어디를 가리키고 있어요?
   어디가 아픈 것 같아요?
   🔴 의사 선생님이 청진기를 대고 있어요.
   유키가 배를 가리키고 있어요. 배가 아픈 것 같아요.

2) 17쪽 교재에 나온 도입 질문을 한다.
   🔴 몸이 아팠던 적이 있어요? 그때 어떻게 했어요?

3) 18쪽 1번 그림을 보면서 오늘 배울 내용을 안내한다.

2 제시, 연습 1 – 15분

1) 1번의 '머리 어깨 무릎 발' 노래를 듣고 함께 부른다.
   🔴 노래를 부르면서 그 부위를 손으로 짚어 보세요.
   선생님을 따라 손으로 짚으면서 노래를 불러 보세요.
   (노래를 부른다.)
   🔴 (머리) 그림에서 머리는 어디예요?
   내 몸에서 가리켜 보세요.
   (같은 방식으로 어깨, 무릎, 발, 귀, 코, 입을 진행한다.)
   🔴 (눈) (손으로 짚어 주며) 눈은 어디예요?
   그림에서 짚어 보세요. 내 몸에서 가리켜 보세요.
   (같은 방식으로 팔, 다리도 진행한다.)
   🔴 손으로 몸을 짚으면서 노래를 불러 보세요.
   (노래를 부른다.)
   🔴 친구와 함께 몸의 이름 맞히기 게임을 해 보세요.
   친구가 '팔'이라고 말하면 팔을 가리키는 거예요.

어휘 지식

머리	사람이나 동물의 몸에서 얼굴과 머리털이 있는 부분을 모두 포함한 목 위의 부분. 예 머리가 아프다. 머리를 가로젓다.

---

1 보건실

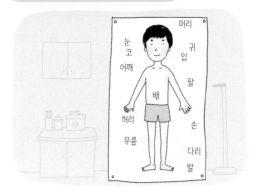

1. 우리 몸의 이름을 알아봅시다. 🎵 1

1) 노래를 듣고 따라 불러 보세요. 노래를 부르면서 내 몸의 부분을 가리켜 보세요.

머리 어깨 무릎 발
작사 미상
외국 곡

머 리 어깨무릎 발 무릎발 머 리어깨무릎 발 무릎발-무릎
머 리 어 깨 발-무릎발 머 리어깨무릎 귀 코 귀

2) 친구와 함께 몸의 이름 맞히기 게임을 해 보세요.

눈	사람이나 동물의 얼굴에 있으며 빛의 자극을 받아 물체를 볼 수 있는 감각 기관. 예 눈에 눈물이 가득하다. 눈이 가렵다.	
코	숨을 쉬고 냄새를 맡는 몸의 한 부분. 예 추워서 코가 빨갛게 됐다. 코에서 자꾸 콧물이 나.	
귀	사람이나 동물의 머리 양옆에 있어 소리를 듣는 몸의 한 부분. 예 할아버지는 귀가 잘 안들리신다. 귀를 간지럽혔다.	
입	음식을 먹고 소리를 내는 기관으로 입술에서 목구멍까지의 부분. 예 입이 작아서 음식을 많이 못 먹는다. 음식이 입안에 가득하다.	
어깨	목의 아래 끝에서 팔의 위 끝에 이르는 몸의 부분. 예 어깨에 가방을 메고 학교에 갔다. 안마를 해 주니 어깨가 한결 가볍구나.	
허리	사람이나 동물의 신체에서 갈비뼈 아래에서 엉덩이뼈까지의 부분. 예 할머니는 허리가 불편하셔서 지팡이를 짚고 걸으신다. 이 바지는 허리 부분이 고무 밴드로 되어 있다.	

머리, 눈, 코, 귀, 입, 어깨,
허리, 배, 손, 팔, 발, 무릎,
다리

3) 친구의 설명을 듣고 몸을 그려 보세요.

손을 그려.

2. 타이선이 어디가 아픈지 알아봅시다.

1) 듣고 그림을 가리켜 보세요. 🎧 2

어디가 아파요?

가　어깨

나　배

다　목

라　팔

2) 듣고 따라 하세요. 🎧 2

3. 여러분은 아픈 적이 있어요?
어디가 아팠어요?
친구들과 이야기해 봐요.

나는 배가 아팠어요.

---

2) 친구의 설명을 듣고 그림을 그려 보기 활동을 한다. 칠판에 '□를 그려'라고 써 준다.

🔲 손을 그려 보세요. 친구가 말하는 대로 그림을 그려 보세요.

3) 친구끼리 빈 종이에 서로 그림을 그리며 신체 부위 이름을 익힌다.

　※ 심화 보충

　① '머리 어깨 무릎 발' 노래에 다른 부위들을 넣어 바꿔 부르기를 해 본다.

　② 바꾼 노래에 맞춰 몸의 부위를 짚으며 노래해 보도록 한다.

4) 신체 낱말이 쓰인 신체 낱말 카드를 보여 주고 질문한다.

🔲 어디가 아파요?

　※ 다른 활동: 학생들에게 신체 낱말 카드를 한 장씩 주고 옆 친구에게 질문하고 대답할 수도 있다.

③ 제시, 연습 2 – 10분

1) 2번 그림을 확인한다.

🔲 이곳은 어디예요? 누가 타이선과 이야기해요?

2) 보건 선생님과 타이선이 아픈 곳에 대해서 이야기한다고 말하고 듣기 자료 2를 들려준다.

3) 들으면서 해당하는 그림을 찾도록 한다.

4) 교사와 학생이 역할을 나누어 읽는다. 아픈 부위를 말할 때 해당 부위를 가리키며 말하도록 한다.

5) 친구와 함께 대화문을 나누어 읽어 보게 한다.

6) 내용을 이해했는지 간단히 확인한다.

🔲 (그림을 가리키며) 어디가 아파요?

④ 적용 – 10분

1) 아픈 적이 있었는지 질문하고 배운 신체 어휘를 활용하여 답하도록 한다.

2) 짝과 서로 질문을 하고 답하도록 한다.

🔲 어디가 아팠어요?

　※ 심화 보충: 한마음 놀이를 한다.

　– 놀이 방법: 친구끼리 혹은 선생님과 함께 "하나 둘 셋"을 외치고 몸의 한 부위를 가리키며 큰 소리로 그 부위를 외친다. 같은 팀끼리 혹은 친구들끼리 같은 부위를 짚은 숫자만큼 점수를 얻는다.

⑤ 정리 – 2분

1) 배운 어휘로 몸의 각 부위를 가리키며 이름을 말해 보도록 한다.

🔲 (눈을 가리키며) 이곳은 무엇인가요?

2) 익힘책 12~13쪽을 풀게 한다.

배	사람이나 동물의 몸에서 가슴 아래에서 다리 위까지의 부분. 예 배가 나오다. 　배가 불룩하다.
손	팔목 끝에 있으며 무엇을 만지거나 잡을 때 쓰는 몸의 부분 예 손이 시리다. 　손과 발이 예쁘다.
팔	어깨에서 손목까지의 신체 부위. 예 아빠의 팔을 베고 누웠다. 　팔에 모기가 물려서 간지럽다.
발	사람이나 동물의 다리 맨 끝부분. 예 내 발에 맞는 신발을 신어야 해. 　많이 걸었더니 발이 아파.
무릎 [무릅]	허벅지와 종아리 사이에 앞쪽으로 둥글게 튀어나온 부분. 예 추우면 무릎 위에 덮는 무릎 담요를 사용해. 　책상에 무릎을 부딪쳐 멍이 들었다.
다리	사람이나 동물의 몸통 아래에 붙어, 서로 걷고 뛰는 일을 하는 신체 부위. 예 할아버지 다리를 주물러 드리다. 　다리를 다쳐서 축구를 못하고 있다.

· 주요 학습 내용

> **어휘**
> 라면을 끓이다, 손을 데다, 뛰다, 넘어지다, 철봉에 매달리다, 떨어지다, 손을 베이다, 자전거를 타다, 부딪히다, 발목을 삐다
>
> **문법 및 표현**
> -다가
>
> **준비물**
> 낱말 카드

· 학습 목표

· '-다가'를 사용하여 다친 이유와 함께 다친 표현을 말할 수 있다.

1 도입 - 2분

1) 1번 그림을 이야기하면서 오늘 배울 내용을 안내한다.

🔴 그림을 보세요. 친구들이 다쳤네요. 왜 다쳤는지 알아볼까요?

2 제시, 설명 - 13분

> **문법 지식**
>
> **-다가**
> · 어떤 행위나 상태가 중단되고 다른 행위나 상태로 바뀜을 나타내는 어미. 앞선 행위나 상태가 뒤에 벌어지는 부정적인 상황의 원인이나 근거가 됨을 나타낸다.
> 📙 철수가 무리하다가 결국 병이 났어.
> 과속을 하다가 결국 사고를 내고 말았다.

어휘 지식

라면을 끓이다 [라며늘 끄리다]	물에 라면을 넣고 뜨겁게 하여 음식을 만들다. 📙 아빠가 라면을 끓여 주셨다. 라면을 끓이는 건 쉬워.
손을 데다	불이나 뜨거운 것에 손이 닿아 다치다. 📙 뜨거운 물에 손을 데었다. 급식을 받다가 국에 손을 데었다.
뛰다	발을 재빠르게 움직여 빨리 나아가다. 📙 기차를 놓칠까 봐 정신없이 뛰었다. 엄마를 향해 전속력으로 뛰었다.
넘어지다	서 있던 사람이나 물체가 중심을 잃고 한쪽으로 기울어지며 쓰러지다. 📙 걸려 넘어지다. 미끄러져 넘어지다.
철봉에 매달리다	팔이나 다리를 이용하여 철봉에 달려 있게 되다. 📙 장위는 철봉에 매달리기를 좋아한다. 엠마는 번쩍 뛰어서 철봉에 매달렸어.
떨어지다	위에서 아래로 내려지다. 📙 가을이 되니 잎이 떨어졌다. 떨어질 수 있으니 조심해.
손을 베이다	날이 있는 물건으로 손에 상처가 나거나 다치다. 📙 칼에 손을 베이다. 책을 넘기다 책장에 손을 베였다.

---

2 사고

1. 다친 이유를 알아봅시다.

라면을 끓이다 　 손을 데다 　 뛰다 　 넘어지다

철봉에 매달리다 　 떨어지다 　 요리를 하다 　 손을 베이다

1) 친구들이 무엇을 했어요? 어떻게 되었어요?

2) 그림을 보면서 다친 이유와 결과를 연결해서 말해 보세요.

> 장위가 라면을 끓이다가 손을 데었어요.

자전거를 타다	자전거 위에 오르다. 📙 자전거를 타는 건 정말 기분 좋은 일이야. 자전거를 타고 신나게 달렸다.
부딪히다 [부디치다]	매우 세게 마주 닿게 되다. 📙 벽에 부딪히다. 앞사람과 부딪힐 뻔했잖아.
발목을 삐다	발목이 충격을 받아 접히거나 비틀려서 뼈마디가 어긋나다. 📙 구두를 신고 뛰다가 발목을 삐었다. 축구를 하다가 발목을 삐었다.

1) 1번의 그림을 가리키며 질문을 통해 어휘를 학습하게 한다.

🔴 (라면을 끓이다) 장위가 무엇을 하고 있어요? 라면을 끓이고 있어요.

🔴 (손을 데다) 라면을 끓이다가 뜨거운 데 닿았네요. 어떻게 됐어요? 앗, 뜨거워. (놀라서 손을 귀에 대며) 손을 데었어요.

🔴 (뛰다) 유키가 뭐 하고 있어요? 복도에서 뛰고 있어요.

🔴 (넘어지다) 유키가 어떻게 되었어요? (넘어지는 그림을 가리키며) 넘어졌어요.

🔴 (철봉에 매달리다) 엠마가 철봉에서 뭐 하고 있어요? 철봉

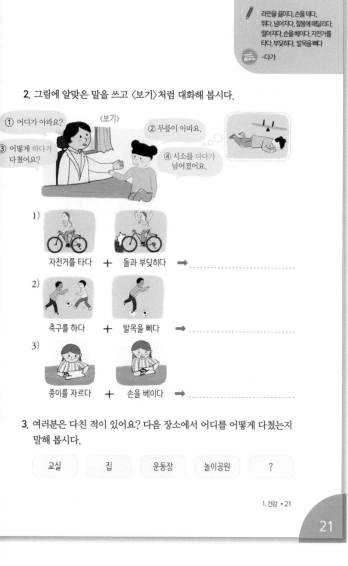

2. 그림에 알맞은 말을 쓰고 〈보기〉처럼 대화해 봅시다.

〈보기〉
① 어디가 아파요?
② 무릎이 아파요.
③ 어떻게 하다가 다쳤어요?
④ 시소를 타다가 넘어졌어요.

1)
자전거를 타다 + 돌과 부딪히다 ➡ _____

2)
축구를 하다 + 발목을 삐다 ➡ _____

3)
종이를 자르다 + 손을 베이다 ➡ _____

3. 여러분은 다친 적이 있어요? 다음 장소에서 어디를 어떻게 다쳤는지 말해 봅시다.

교실   집   운동장   놀이공원   ?

에 매달려 있어요.
- 선 (떨어지다) 엠마가 철봉에 매달려 있었는데, 어떻게 되었어요? 떨어졌어요.
- 선 (요리를 하다) 타이신은 무엇을 하고 있어요? 요리를 하고 있어요.
- 선 (손을 베이다) 칼은 위험해요. 칼에 어디를 베었어요? 손을 베었어요.

2) 1번에 제시된 말들 사이에 '-다가'를 넣어서 문장을 이어 보도록 한다.
- 선 (칠판에 '라면을 끓이다+손을 데다'라고 쓰고(혹은 낱말 카드를 놓고) + 자리에 '-다가'를 넣어 준다.) (쓰거나 낱말 카드로) 라면을 끓이다, 손을 데다. 무엇을 하다가 어떻게 되었지요? 장위가 라면을 끓이다가 손을 데었어요.
- 선 (칠판에 '뛰다+넘어지다'라고 쓰고 + 자리에 '-다가'를 넣어 준다.) 유키가 (복도에서) 뛰다가 넘어졌어요.
- 선 (칠판에 '철봉에 매달리다+떨어지다'라고 쓰고 + 자리에 '-다가'를 넣어 준다.) 엠마가 철봉에 매달리다가 떨어졌어요.
- 선 (칠판에 '요리를 하다+손을 베이다'라고 쓰고 + 자리에 '-다가'를 넣어 준다.) 타이선이 요리를 하다가 손을 베었어요.

라면을 끓이다, 손을 데다, 뛰다, 넘어지다, 철봉에 매달리다, 떨어지다, 손을 베이다, 자전거를 타다, 부딪히다, 발목을 삐다
-다가

③ 연습 – 15분

1) 2번 문제를 보면서 다친 이유를 설명한다.
- 선 〈보기〉의 그림을 보고 말해 봐요. 선생님이 보건 선생님을 하고, 여러분이 장위를 읽어 볼게요. 어디가 아파요? (학생들: 무릎이 아파요.) 어떻게 하다가 다쳤어요? (시소를 타다가 넘어졌어요.) 장위는 왜 다쳤어요?
- 선 1)번 그림을 보세요. 엠마가 뭘 하고 있어요? 자전거를 타고 있어요. 그러다가 어떻게 됐어요? 돌과 부딪혔어요. 부딪히다. 이렇게 쾅 세게 닿는 걸 부딪힌다고 해요. 우리가 걷다가 옆 친구랑 이렇게 부딪힐 수도 있고, 벽에 부딪힐 수도 있어요. 그러면 (칠판에 '자전거를 타다+부딪히다'라고 쓰고 + 자리에 '-다가'를 넣어 준다.) 하나로 합쳐서 말하면 어떻게 될까요? 엠마는 자전거를 타다가 부딪혔어요. 이렇게 써 보세요.(칠판에 써 준다.)
- 선 2)번 그림을 보세요. 타이선은 무엇을 하고 있어요? 축구를 해요. 그런데 두 번째 그림에서는 타이선이 어떻게 되었어요? 발목을 삐었어요. 발목을 삐다. 발목이 그림처럼 꺾여서 걷기 힘들어진 걸 발목을 삐었다고 해요. 그러면 (칠판에 '축구를 하다+발목을 삐다'라고 쓰고 + 자리에 '-다가'를 넣어 준다.) 하나로 합쳐서 말하면 어떻게 될까요? 타이선은 축구를 하다가 발목을 삐었어요. 이렇게 써 보세요.(칠판에 써 준다.)
- 선 3)번 그림을 보세요. 엠마가 무엇을 하고 있어요? 종이를 잘라요. 그런데 두 번째 그림에서는 어떻게 되었어요? 손을 베었어요. 그러면 (칠판에 '종이를 자르다+손을 베이다'라고 쓰고 + 자리에 '-다가'를 넣어 준다.) 하나로 합쳐서 말하면 어떻게 될까요? 엠마는 종이를 자르다가 손을 베었어요. 이렇게 써 보세요.(칠판에 써 준다.)

2) 쓰기 활동이 끝나면 1, 2번 그림들을 보고 친구끼리 질문하고 대답하도록 한다.
- 학1 엠마는 어떻게 하다가 다쳤어요?
- 학2 엠마는 자전거를 타다가 부딪혔어요.

④ 적용 ~8분

1) 우리가 다치는 경우들을 생각해 보고 말해 보도록 한다.

2) 다음 장소 중 하나를 골라 어떻게 다쳤는지 말해 보도록 한다. 자신의 경험이 없다면 친구가 다친 경험을 말해도 좋다고 한다.
- 선 교실에서 다친 적이 있어요? 어디를 다쳤어요? 어떻게 다쳤어요? 무엇을 하다가 다쳤어요?

⑤ 정리 – 2분

1) 교사는 오늘 배운 표현들을 그림을 보고 다시 말해 보도록 하면서 원인을 나타내는 '-다가'를 바르게 사용하는지 확인한다.

2) 익힘책 14~15쪽을 풀게 한다.

3차시 증상

· 주요 학습 내용

> **어휘**
> 충치, 치과, 배탈, 설사를 하다, 간지럽다, 눈병
>
> **문법 및 표현**
> 인 것 같다
>
> **준비물**
> 낱말 카드(눈병, 충치, 배탈)

· 학습 목표
· '인 것 같다'를 사용하여 아플 때 나타나는 증상을 말할 수 있다.

1 도입 – 3분

1) 선생님의 동작을 보고 어디가 아픈지 말해 보도록 한다.(예: 이를 가리고 아파하는 모습 → 이가 아파요. 배를 움켜쥐고 아파하는 모습 → 배가 아파요.)

2) 아팠던 경험(눈, 이, 배 등)을 말해 보도록 하고, 어떻게 아팠는지 설명해 보도록 한다.
   - 🗨 화장실에 계속 갔어요. 아무것도 못 먹었어요. 눈물이 났어요 등.

3) 이번 시간에는 아플 때 나타나는 증상에 대해서 배울 것이라고 안내한다.

2 제시, 설명 – 15분

어휘 지식	
충치	세균이 갉아 먹어 이가 상하는 병. 또는 그 이. 🗨 충치가 생기면 빨리 치료를 받아야 해요. 단것을 많이 먹으면 충치가 생길 수 있어.
치과 [치꽈]	이와 더불어 잇몸 등의 지지 조직, 구강 등의 질병을 치료하는 의학 분야. 또는 그 분야의 병원. 🗨 이가 아플 때는 치과에 가야 해. 치과에 가기 무서워서 울었다.
배탈	먹은 음식이 체하거나 설사를 하거나 배가 아프거나 하는 병. 🗨 밥을 많이 먹어서 배탈이 났어. 배탈이 나서 속이 안 좋아.
설사를 하다 [설싸를 하다]	장에서 음식물을 소화하는 데에 이상이 생겨 물기가 많은 똥을 눔. 🗨 요즘 자꾸 설사를 해요. 아이스크림을 많이 먹었더니 설사를 해요.
간지럽다 [간지럽따]	무엇이 몸에 닿거나 누가 만져서 웃음이 나거나 견디기 어려운 느낌이 있다. 🗨 발바닥이 간지럽다. 등이 간지럽다.
눈병 [눈뼝]	눈에 생기는 병. 🗨 눈병이 났다. 지금 눈병이 유행이다.

---

3 증상

1. 병의 증상을 알아봅시다.

   1) 충치가 생기면 어떤 증상이 나타나요?

    엄마, 이가 아파서 밥을 못 먹겠어요.
   충치인 것 같은데 치과에 가 보자.

   2) 배탈이 나면 어떤 증상이 나타나요?

    아빠, 배가 아프고 설사를 해요.
   배탈인 것 같은데 병원에 가자.

> **문법 지식**
>
> **인 것 같다**
> · 명사와 결합하여 말하는 사람이 어떤 것을 추측함을 나타낸다. 여러 상황으로 미루어 추측하는 말을 할 때 주로 사용한다.
> · 동사와 결합할 때는 '-는 것 같다(잠을 자는 것 같다)', 형용사와 결합할 때는 '-은 것 같다(키가 많이 큰 것 같다)'를 사용한다.
> - 🗨 기침을 하는 걸 보니까 감기인 것 같아.
>   경영학 책을 읽는 걸 보니까 경영학을 전공하는 학생인 것 같다.

1) 1번의 첫 번째 그림을 보면서 엠마가 어디가 아픈지 알아보고 이렇게 이가 아픈 적이 있었는지 물어본다.
   - 🔵 엠마는 어디가 아파요? 왜 아플까요? 엠마와 엄마의 말을 선생님을 따라 읽어 보세요. 엄마는 엠마가 왜 이가 아픈 것 같다고 말했어요? 충치는 그림처럼 세균이 이를 갉아 먹어 이가 상한 걸 말해요. 충치가 생기면 치과에 가서 치료를 해야 해요. 충치일 때는 어떤 증상이 나타나요? 이가 아파요. 심하면 밥도 못 먹을 만큼 아파요.

2. 대화를 들어 봅시다. 🔊3

1) 대화를 듣고 어울리는 것끼리 연결해 보세요.

① 눈이 간지럽다
   눈이 아프다 · · 눈병

② 이가 아프다 · · 배탈

③ 배가 아프다
   설사를 하다 · · 충치

2) 위 내용을 보고 〈보기〉처럼 대화해 보세요.

〈보기〉 눈이 간지럽고 아파.
        눈병인 것 같은데 병원에 가 보자.

3. '몸으로 말해요' 놀이를 해 봅시다.

〈놀이 방법〉
① 한 사람이 낱말 카드 중 하나를 고릅니다.
② 말을 하지 않고 몸으로만 증상을 표현합니다.
③ 어떤 증상인지 맞힙니다.

눈병
배탈
충치

감기인 것 같은데. / 눈병. / 정답! 충치인 것 같아.

1. 건강 • 23

23

충치, 치과, 배탈,
설사를 하다, 간지럽다, 눈병

인 것 같다

어디가 아파요?

2) 각 그림의 설명을 교사가 읽고 따라 읽도록 한다. 그림과 연결 지어 새로 나온 어휘의 뜻을 생각해 보도록 한다.

📗 그림을 보면 장위는 어디가 아파요? 눈이 아픈 적이 있나요? 눈이 아플 때는 어떤 증상이 나타나요? 눈이 빨개지기도 하고, 간지럽기도 해요. 이렇게 눈이 간지러우면 눈을 자꾸 비비게 되니까 더 아프게 돼요. 따라 읽어 보세요. 눈이 간지럽다. 눈이 아프다.

📗 엠마는 어디가 아파요? 이가 아파요. 1번에서 이가 아픈 건 뭐라고 했나요?

📗 타이선은 어디가 아파요? 배가 아파요. 배가 아프다. 설사를 하다. 이렇게 아픈 걸 뭐라고 했나요?

3) 듣기 자료를 듣고 어울리는 것끼리 연결해 보도록 한다.

듣기 자료 🔊3
1) 장위: 아빠, 눈이 간지럽고 아파요.
   아빠: 눈병인 것 같은데, 눈을 만지지 마라.
2) 엠마: 엄마, 이가 아파서 밥을 못 먹겠어요.
   엄마: 엠마, 충치인 것 같은데 치과에 가 보자.
3) 타이선: 아빠, 배가 아프고 설사를 해요.
   아빠: 배탈이 난 것 같은데 약을 먹자.

4) 듣기 자료 3을 다시 듣고 따라 읽어 본다.

5) 그림을 보고 친구와 역할을 나누어 대화해 보도록 한다.(교재 2-2) 참고)

※ 심화 보충: 본인이 겪은 다른 증상들도 이야기해 보도록 한다. 제시하지 않은 어휘들이 나올 경우 학생의 수준에 따라 경험을 중심으로 하여 함께 제시하여 이후 활동에 추가할 수 있다.

④ 적용 – 10분

1) '몸으로 말해요' 놀이를 설명한다. 교사는 학생들에게 앞서 배운 '눈병', '배탈', '충치'를 낱말 카드로 제공한다. 퀴즈를 내는 사람이 이 중 하나를 고른다. 말을 하지 않고 몸으로만 증상을 표현한다. 나머지 친구들이 어떤 증상인지 맞힌다. 다음 학생이 똑같은 방식으로 몸으로 증상을 표현한다.

※ 심화 보충: 충치, 배탈, 눈병 등 자신이 아팠던 경험 발표하기를 해 본다. 이를 통해 배운 표현들로 증상을 표현할 수도 있고, 새롭게 추가할 수 있는 증상들도 발표해 보도록 한다.
🔊 눈병 – 눈이 빨개졌어요. 눈물이 났어요.

⑤ 정리 – 2분

1) 오늘 배운 어휘와 '인 것 같다' 문법을 학생들이 잘 알고 있는지 확인한다.

2) 다음 시간에는 이렇게 아플 때 병원을 가면 어떤 대화를 나누는지 배울 것임을 예고한다.

3) 익힘책 16~17쪽을 풀게 한다.

📗 타이선은 어디가 아파요? 배가 아파요. 타이선의 말을 따라 읽어 보세요. 설사가 무엇인가요? 설사는 물기가 많은 똥을 말해요. 건강할 때는 설사를 하지 않지만, 배가 아프면 설사를 하게 돼요. 아빠의 말을 따라 읽어 보세요. 배탈은 이렇게 배가 아프거나 설사를 하는 걸 말해요. 배탈이 나면 어디를 가요? 병원에 가요.

※ 유의점: 충치, 배탈이 모두 새로운 어휘이지만, 이미 충분히 경험해 보았을 내용이므로 그림뿐 아니라 이전 경험을 떠올려 의미를 이해할 수 있도록 유도한다.

2) 그림을 다시 보고 선생님을 따라 다시 읽게 한다.

3) 선생님과 역할을 나누어 대화를 읽게 한다.

4) 친구들과 역할을 나누어 대화를 읽게 한다.

③ 제시, 연습 – 10분

1) 2번의 그림을 살펴보고 어디가 아픈지를 먼저 확인한다.

📗 장위는 어디가 아파요? 엠마는 어디가 아파요? 타이선은

· 주요 학습 내용

> **어휘**
> 이를 닦다, 안약을 넣다, 상처, 소독, 연고를 바르다,
> 파스를 붙이다
> **문법 및 표현**
> 에, -은 다음에

· 학습 목표
· '에', '-은 다음에'를 사용하여 병의 치료 방법을 말할 수 있다.

1 도입 - 2분

1) 병원에 간 경험을 말해 보도록 한다.

2) 그림을 설명해 보도록 해 알고 있는 어휘를 확인한다.

2 제시, 설명 - 15분

문법 지식

에

· 명사에 붙어 장소나 지향점, 시간·공간적 범위 등을 나타내는 조사. 시간을 나타내는 말에 붙어 어떤 동작이나 행위, 상태가 일어나는 시간이나 때를 나타낸다.

> 예 내일 한 시에 만나요.
> 아침에 운동을 하는 것보다 밤에 운동을 하는 게 더 좋다.
> 진달래는 이른 봄에 핀다.
> 그는 1년 전에 미국으로 이민을 갔어요.

-은 다음에

· 동사에 붙어 어떤 일이나 과정이 끝난 뒤임을 나타내는 표현. 어미 '-은'과 동사 '다음', 조사 '에'가 함께 쓰인 표현.

> 예 철이는 고등학교를 졸업한 다음에 바로 군대에 갔습니다.
> 밥을 먹은 다음에 이 약을 드십시오.
> 이 책을 다 읽은 다음에 모여서 토론해 봅시다.

결합 정보

· 조사 '에'가 생략된 '-은 다음' 형태로도 쓰인다.
· '-은 다음에'는 '-은 후에', '-은 뒤에'로 바꿔 쓸 수 있다.

어휘 지식

이를 닦다	이를 깨끗하게 씻다. 예 치약으로 이를 닦다. 이를 깨끗이 닦아라.
안약을 넣다	눈병이 났을 때 눈에 넣는 약을 넣다. 예 안약을 넣고 눈을 깜빡깜빡해 보세요. 눈병에 걸린 환자가 눈에 안약을 넣고 있다.
상처	몸이 다쳐서 상한 자리. 예 넘어져서 상처가 났다. 어디서 이렇게 상처가 났니?

---

4 병원

1. 병의 치료 방법을 소리 내어 읽어 봅시다.

충치가 생기다

밥을 먹은 다음에 깨끗하게 이를 닦아요.

눈병에 걸리다

하루에 두 번 안약을 넣어요.

2. 다음을 보고 의사와 환자의 대화를 만들어 봅시다.

> 배탈이 났어요.
> 배가 아프고 설사를 해요.

> 하루, 세 번, 밥을 먹다 → 약을 먹다

1) _____ .

> 라면을 끓이다가
> 손을 데었어요.

> 하루, 두 번, 소독을 하다 → 연고를 바르다

2) _____ .

소독	병에 걸리는 것을 막기 위해 약품이나 열 등으로 균을 죽임. 예 다친 곳을 소독하다. 아이 젖병은 뜨거운 물에 넣어 소독한다.
연고를 바르다	피부에 발라서 병이나 상처를 치료하는 약을 골고루 묻히다. 예 이 연고를 바르면 상처가 나을 거예요. 상처를 소독하고 연고를 발랐다.
파스를 붙이다 [파스를 부치다]	근육이나 관절 등의 통증을 없애기 위한 약을 붙이다. 예 무릎에 파스를 붙였다. 할아버지 어깨에 파스를 붙여 드렸다.

1) 1번의 그림을 보며 병의 치료 방법을 따라 읽도록 한다.

> 신 첫 번째 그림을 보세요. 어떤 모습인가요? 이렇게 이가 아픈 걸 뭐라고 해요? 충치가 생겼어요. 충치가 생기다. 충치가 생기면 치과에 가서 치료를 받아요. 이제 어떻게 해야 해요? 밥을 먹은 다음에 깨끗하게 이를 닦아요. 밥을 먹은 후에 깨끗하게 이를 닦아요. (칠판에 '밥을 먹다', '이를 닦다' 써 주고, 화살표 표시. '밥을 먹다 → 이를 닦다') 따라 읽어 보세요. 충치가 생기다. 밥을 먹은 다음에 이를 닦아요.

이를 닦다, 안약을 넣다,
상처, 소독, 연고를 바르다,
파스를 붙이다

에, -은 다음에

무릎에 상처가 나다

소독을 한 다음에 연고를 발라요.

발목을 삐다

하루에 한 번 파스를 붙여요.

3. 이 약은 어떻게 먹어야 하는지 말해 봅시다.

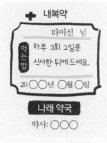

＋ 내복약

타이선 님

먹는법
하루 3회 2일분
식사한 뒤에 드세요.

20○○년 ○월 ○일

나래 약국

약사: ○○○

이 약은 하루에
                드세요.

1. 건강 • 25

25

[진] 두 번째 그림을 보세요. 어디가 아파요? 눈병에 걸리다. 눈병에 걸렸어요. 어떻게 치료해야 해요? 하루에 두 번 안약을 넣어요. 하루에 몇 번 안약을 넣나요? 따라 읽어 보세요. 눈병에 걸리다. 하루에 두 번 안약을 넣어요.

[진] 세 번째 그림을 보세요. 어디가 아파요? 무릎이 아파요. 무릎에 상처가 났어요. 무릎에 상처가 나다. 어떻게 치료해요? 소독을 한 다음에 연고를 발라요. 넘어져서 상처가 나면 먼저 소독을 하고 연고를 발라요. (칠판에 '소독을 하다', '연고를 바르다' 써 주고, 화살표 표시. '소독을 하다 → 연고를 바르다') 따라 읽어 보세요. 무릎에 상처가 나다. 소독을 한 다음에 연고를 발라요.

[진] 네 번째 그림을 보세요. 어디가 아파요? 발목을 삐었어요. 어떻게 치료해요? 하루에 한 번 파스를 붙여요. 하루에 몇 번 파스를 붙여요? 따라 읽어 보세요. 발목을 삐다. 하루에 한 번 파스를 붙여요.

2) 그림을 보면서 다시 소리 내어 읽어 본다.

3) 짝과 함께 한 사람은 아픈 부위를 말하고, 다른 사람은 치료 방법을 말한다. 번갈아 말해 보도록 한다.

---

③ 연습 – 13분

1) 2번에 주어진 내용을 가지고 의사와 환자의 대화를 만들어 보도록 한다.

[진] 배탈이 났어요. 배가 아프고 설사를 해요. 이럴 때 의사 선생님은 뭐라고 말할까요?
'하루'와 '세 번'은 어떻게 할까요? 하루에 세 번. '밥을 먹다, 약을 먹다'는 어떻게 할까요? 하루에 세 번, 밥을 먹은 다음에 약을 먹어요.

[진] 라면을 끓이다가 손을 데었어요. 이럴 때 의사 선생님은 뭐라고 할까요?
'하루, 두 번'은 어떻게 할까요? 하루에 두 번. '소독을 하다, 연고를 바르다'는 어떻게 할까요? 소독을 한 다음에 연고를 발라요. 하루에 두 번, 소독을 한 다음에 연고를 발라요.

2) 1번에 제시된 4가지 상황도 의사와 환자의 대화로 만들어 보도록 한다.

3) 짝과 함께 의사, 환자 역할을 나누어 대화해 보도록 한다.

　※ 심화 보충: 제시된 처방 외에도 횟수를 변화시키거나 치료 방법을 다르게 하며 대화하도록 한다.

④ 적용 – 8분

1) 약을 먹은 적이 있는지, 약 봉투를 본 적이 있는지 경험을 말해 보도록 한다.

2) 약 봉투에 적힌 복용법을 보고 약을 어떻게 먹어야 하는지 설명해 보도록 한다.

[진] 이 약은 하루에 3번, 밥을 먹은 다음에 먹어요.

3) 심화 보충에 제시된 방식으로 다양하게 상황을 바꾸어 가며 친구와 연습해 보도록 한다.

　※ 심화 보충: 약사와 환자 놀이를 해 본다.
　– 놀이 방법 : 환자가 아픈 부위를 말하면 약사가 약을 주면서 설명해 준다. 바르는 연고, 안약 등 약 종류에 따라 다르게 설명할 수 있음을 안내해 준다. 예) 먹는 약의 경우 '하루에 ○번, ○○한 다음에' 먹으라고 설명한다. 연고나 안약의 경우 '하루에 ○번, 손을 깨끗하게 씻은 다음에~'와 같이 설명할 수 있다.

⑤ 정리 – 2분

1) 병원에 간 경험을 말하며 오늘 배운 어휘와 '에', '-은 다음에' 문법을 학생들이 잘 알고 있는지 확인한다.

2) 차시 예고를 한다.

3) 익힘책 18~19쪽을 풀게 한다.

　※ 유의점: 익힘책에서 이번 차시에 학습한 문법 중 '에'와 관련된 문항은 2번과 3번이며, '-은 다음에'와 관련된 문항은 4번과 5번이다. 이와 관련하여 연습이 필요하다고 판단할 경우 수업 중에도 익힘책의 내용을 활용할 수 있다.

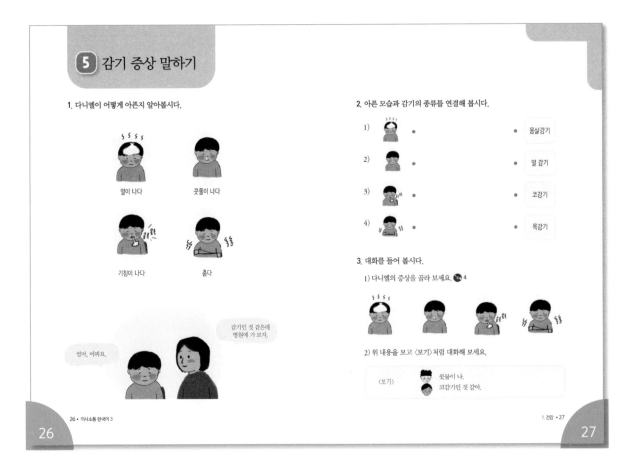

5차시 감기 증상 말하기

- **학습 목표**
- 감기의 증상을 알고 설명할 수 있다.

1 도입 - 2분

1) 감기에 걸린 경험을 말해 보도록 한다.

2) 그림을 간단히 설명해 보도록 하여 알고 있는 어휘를 확인해 본다.

2 제시, 설명 - 15분

1) 1번의 그림을 보며 감기의 증상을 읽어 본다.

   첫 번째 그림을 보세요. 어떤 모습인가요? 열이 나요.

   두 번째 그림을 보세요. 어떤 모습인가요? 콧물이 나요.

   세 번째 그림을 보세요. 어떤 모습인가요? 기침이 나요. 콜록콜록 기침을 해요.

   네 번째 그림을 보세요. 어떤 모습인가요? 추워요. 날이 추워서가 아니라 아파서 몸이 덜덜 떨릴 만큼 추워요.

2) 다니엘과 엄마의 대화를 소리 내어 읽어 본다.

3) 다니엘의 대화에 각 그림의 내용을 추가하여 말해 보도록 한다.

3 제시, 연습 - 13분

1) 1번 그림에서 각 감기의 이름을 지어 보도록 한다. 왜 그렇게 생각했는지 말해 보도록 한다.

2) 2번에서 각 증상에 따른 감기 이름을 연결해 보도록 한다.

   ※ 유의점: 몸살감기는 '몸이 몹시 피로해서 생기는 감기'를 말하는데 대표적인 증상이 오한, 근육통이라 오한을 몸살감기로 연결하도록 했다. 감기의 증상은 보통 복합적으로 나타나는 경우가 많다는 점도 함께 이야기해 주도록 한다.

4 적용 - 8분

1) 3번의 그림을 보면서 어떤 장면인지 설명해 보도록 한다.

2) 대화를 듣고 듣기 자료의 내용과 같은 경우를 찾아 ○표 해 보도록 한다.

   듣기 자료 🔊 4
   다니엘: 엄마, 자꾸 콧물이 나요.
   엄마: 감기인 것 같은데, 병원에 가 보자. 기침도 하니?
   다니엘: 아니요, 기침은 안 해요.

3) 대화를 따라 읽어 보도록 한다.

4) 짝과 함께 듣기 자료의 대화처럼 대화를 해 보도록 한다. 자신의 이전 경험을 떠올려 증상을 설명해 보도록 한다.

5 정리 - 2분

1) 감기의 증상들을 말하며 감기와 관련된 자신의 경험을 말해 보도록 한다.

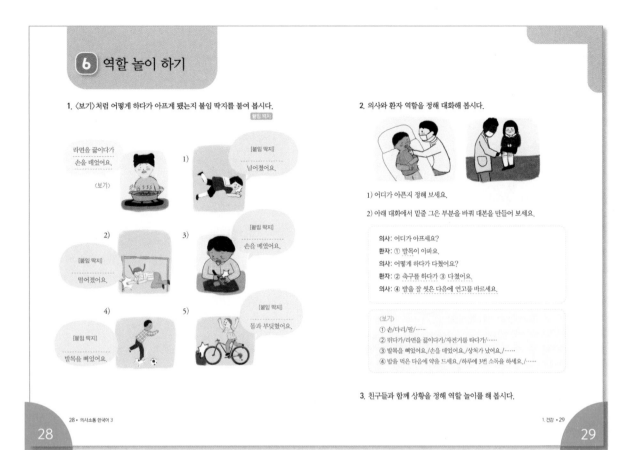

6차시 역할 놀이 하기

· 학습 목표
· 의사와 환자로 역할을 나누어 역할 놀이를 할 수 있다.

1 도입 - 2분

1) 지금까지 배운 다치거나 아픈 표현들과 치료 방법들을 말해 보도록 한다.

2 제시, 설명 - 15분

1) 1번의 그림을 보며 상황을 설명해 보도록 한다.

   신 〈보기〉의 그림을 보세요. 장위가 어떻게 하다가 손을 데었어요? 라면을 끓이다가 손을 데었어요.

   신 1) 그림을 보세요. 유키가 어떻게 하다가 넘어졌어요? 붙임 딱지를 찾아 붙여 보세요.

   신 2) 그림을 보세요. 엠마가 어떻게 하다가 떨어졌어요? 붙임 딱지를 찾아 붙여 보세요.

   신 3) 그림을 보세요. 타이선이 어떻게 하다가 손을 베었어요? 붙임 딱지를 찾아 붙여 보세요.

   신 4) 그림을 보세요. 타이선이 어떻게 하다가 발목을 삐었어요? 붙임 딱지를 찾아 붙여 보세요.

   신 5) 그림을 보세요. 엠마가 어떻게 하다가 돌과 부딪혔어요? 붙임 딱지를 찾아 붙여 보세요.

2) 어떻게 치료하면 좋을지 말해 보도록 한다.

3 제시, 연습 - 13분

1) 2번에서는 의사와 환자 역할 놀이를 위해서 대본을 써 보도록 한다. 2-2)에 제시된 대본과 〈보기〉 내용을 참고하여 내용을 써 보도록 한다.

2) 내용을 바꾸어 가면서 역할 놀이를 계속하도록 한다.

4 적용 - 8분

1) 친구들과 다친 상황부터 치료 상황까지 상황을 상상하여 역할 놀이를 만들어 보도록 한다.

2) 대본을 쓰고 연습해 보도록 한다. 상황에 어울리는 목소리와 행동도 연습한다.

3) 친구들 앞에서 발표해 보도록 한다.

   ※ 유의점: 교재에 제시된 내용을 참고하여 배운 표현들을 넣어 직접 써 보아도 좋다고 안내한다. 여러 군데가 아플 수도 있고, 약도 먹고 연고도 바르는 등 여러 가지 처방이 함께 나올 수도 있다. 이 역할 놀이는 그동안 배운 표현이나 어휘를 충분히 사용할 수 있도록 제시된 내용만 넣어서 단순하게 끝내지 않도록 한다.

5 정리 - 2분

1) 역할 놀이를 통해 가장 잘 말했던 표현들을 돌아가면서 이야기해 본다.

⑦ 동화 읽기

1. '사자의 병문안을 간 여우'를 읽어 봅시다.

어느 숲속에 늙은 사자가
살고 있었어요.
사자는 너무 늙어서
사냥할 힘이 없었어요.
'아휴, 배고파. 뭐라도 먹고 싶다.'

사자는 자신이 병이 들었다고
숲속 동물들에게 알렸어요.
제일 먼저 토끼가 병문안을 왔어요.
"사자님, 많이 아프세요?"
"토끼인 것 같은데, 목소리가 잘 안 들리니까
안으로 들어와."

그다음에 사슴도 쥐도
사자 집으로 들어갔어요.
그렇지만 사자의 집에 들어간 동물들은
아무도 나오지 않았어요.

'다들 어디로 사라진 거지?'
여우는 사자를 찾아가서
알아보기로 했어요.

여우는 사자를 찾아갔어요.
"사자님, 왜 동물들이 동굴로 들어간 발자국은 있는데,
나온 발자국은 하나도 없어요?"
사자는 말했어요.
"이쪽으로 들어와. 내가 말해 줄게."

2. 동물들이 왜 사라졌는지 이유를 생각해서 말해 봅시다.

3. 여우는 어떻게 했을지 이어질 이야기를 상상해서 말해 봅시다.

7차시 동화 읽기

• 학습 목표
• 동화를 읽고 이어질 이야기를 상상하여 말할 수 있다.

① 도입 – 2분

1) 병원에 가서 치료를 받은 경험을 말해 보도록 한다.

2) 병원에 입원하거나 병문안을 가 본 경험이 있는지 말해 보도록 한다.

② 제시, 설명 – 15분

1) 1번에서 〈사자의 병문안을 간 여우〉 동화를 읽도록 한다.
 ① 묵독으로 읽은 후 다 같이 소리 내어 읽기
 ② 묵독으로 읽은 후 한 사람이 한 문장씩 돌아가며 읽기
 ③ 교사가 시범독 하기
 ④ 교사가 먼저 읽고, 학생들이 따라 읽기
 ⑤ 교사와 학생들이 한 문장이 번갈아 읽기
 ※ 유의점: 학생들의 수준에 따라 다양한 방법으로 읽도록 할 수 있다. 학생들이 자신감을 가지고 읽을 수 있도록 읽기 수준을 파악하여 적절한 방법으로 읽도록 한다.

2) 한 번 더 읽도록 한다.

3) 내용을 확인한다.

선 병문안을 간 동물들은 누구예요?

선 사자는 왜 자신이 병이 들었다고 말했어요?

선 여우가 이상하다고 생각한 점은 무엇이에요?

③ 제시, 연습 – 10분

1) 2번에서는 동물들이 왜 사라졌는지 이유를 생각해서 말해 보도록 한다.
 ※ 유의점: 학생들이 이유를 잘 찾지 못하면 여우의 마지막 말을 다시 읽어 보도록 한다.

2) 사자는 왜 그런 거짓말을 한 것인지 말해 보도록 한다.

④ 적용 – 10분

1) 3번에서는 여우가 어떻게 했을지 이어질 이야기를 상상해 보도록 한다.

2) 친구들 앞에서 상상한 이야기를 해 보도록 한다.

3) 친구들의 이야기를 모두 종합해서 한 편의 이야기를 완성해 보도록 한다.

⑤ 정리 – 3분

1) 자신이 알고 있는 재미있는 이야기를 서로 들려준다.

2) 가장 재미있는 이야기를 뽑는다.

1. '병원놀이' 노래를 듣고 따라 불러 봅시다. 🎵5

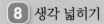

병원놀이

장민수 작사
정정욱 작곡

1. 여 보세 요 여 보세 요 배가 아 파 요
2. 여 보세 요 여 보세 요 나 는 의 사요
배 아 프 고 열 이 나 니 어 떡 할 까 요
배 아 프 고 열 이 나 면 빨 리 오 세 요
어 느 어 는 병 - 원 에 가 야 할 까 요
여 - 기 는 소 - 아 과 병 원 입 니 다

2. 어디가 아플 때 어떤 병원을 가야 하는지 알아봅시다.

이비인후과
안과
치과
내과
정형외과
소아 청소년과
약국

1) 눈이 아플 때 가는 병원은 어디예요?

2) 약은 어디에서 받아요?

3) 친구들이 가야 할 병원을 말해 보세요.

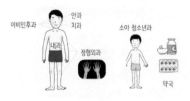

이가 아프면 치과에 가야 돼.

배가 아프고 설사를 하면 _____.

3. '병원놀이' 노래를 바꾸어 불러 봅시다.

여보세요, 여보세요. (　　　　　).
(　　　) (　　　　　) 어떡할까요?
어느 어느 병원에 가야 할까요?

여보세요, 여보세요. 나는 의사요.
(　　　) (　　　　　) 빨리 오세요.
여기는 (　　　　) 병원입니다.

8차시 생각 넓히기

▪ **학습 목표**
• 병원의 종류를 알고, 아픈 증상에 따라 가야 할 병원을 말할 수 있다.

1 도입 – 2분

1) 어디가 아파서 어떤 병원에 갔는지를 말해 보도록 한다.

2) 교사가 신체 일부가 아프다고 하면서 어떤 병원을 가야 하는지 물어본다.

2 제시, 설명 – 10분

1) 1번에서 '병원놀이' 노래를 듣고 따라 불러 보도록 한다.

2) 한 번 더 따라 불러 보도록 한다.

3) 내용을 확인한다.
　🔴 어디가 아파요?
　　어느 병원에 가요?

3 제시, 연습 – 12분

1) 2번에서 어디가 아플 때 어떤 병원에 가야 하는지 그림을 보고 말해 보도록 한다.
　※ 유의점: 그림에는 대표적인 부위만을 표시한 것이므로 교사

의 설명을 통해 오개념이 생기지 않도록 한다. 예를 들어, 정형외과는 뼈와 관련되어 아플 때 가는 곳이므로 표시된 것뿐 아니라 발목, 발, 허리, 손가락, 팔 등 우리 몸 중에 뼈가 있는 모든 부위와 관련된다고 설명한다.
　모든 병원의 진료 과목을 다룰 수는 없으므로 흔히 접할 수 있는 병원들을 위주로 설명한다.
🔴 소아 청소년과는 어디가 아플 때 가요? 누가 가요?
🔴 약은 어디에 가서 사요?

2) 2-3)번 그림을 보고 친구들이 가야 할 병원을 말해 보도록 한다.
🔴 이가 아프면 어느 병원에 가야 해요?

4 적용 – 13분

1) 아픈 증상과 병원을 넣어서 '병원놀이' 노래를 바꾸어 보도록 한다.

2) 바꾼 가사를 함께 보고 노래를 불러 보도록 한다.

3) 안 나온 병원을 골라 함께 가사를 바꾸고 노래를 불러 보도록 한다.

5 정리 – 3분

1) 한 사람이 아픈 증상을 말하면 나머지 친구들이 가야 할 병원을 말하는 퀴즈를 내면서 오늘 학습한 내용을 확인한다.

2) 병원의 종류를 다시 말해 보도록 한다.

2단원 • 취미 생활

● 단원의 개관

이 단원의 목표는 학생들이 자신의 취미, 배우고 싶거나 하고 싶은 것, 할 줄 아는 것에 대하여 말하는 능력을 기르는 것이다. 이 단원의 학습을 통해서 학생들은 다양한 활동들과 관련된 어휘를 학습하고 일상생활의 장면에서 자신의 취미와 배우고 싶은 것들을 자신 있게 말할 수 있다.

학습 목표	• 취미를 말할 수 있다. • 배우고 싶거나 하고 싶은 것을 말할 수 있다.						
주제	장면		기능	문법	어휘	문화	담화 유형
	일상생활	학교생활					
취미 생활	좋아하는 운동과 활동	방과 후 활동	취미 말하기 능력 말하기	-을 줄 알다/ 모르다 -을래? -자마자 -은 적이 있다/ 없다	취미 관련 어휘	학예 발표회	대화 초대 글 가정 통신문
	경험	학예 발표회					

● 차시 전개 과정

차시	차시 제목	성격	학습 내용	교재 쪽수	익힘책 쪽수
1	할 수 있는 일	필수	• 자신이 할 수 있는 일을 묻고 대답할 수 있다.	36	22
2	배우고 싶은 것	필수	• 자신이 배우고 싶은 것을 묻고 대답할 수 있다.	38	24
3	경험한 일	필수	• 자신의 특별한 경험을 소개할 수 있다.	40	26
4	하고 싶은 것	필수	• 자신이 하고 싶은 것을 글로 쓸 수 있다.	42	28
5	취미 묻고 답하기	선택	• 취미를 묻고 대답할 수 있다.	44	-
6	길 찾기 놀이 하기	선택	• 친구와 '길 찾기' 놀이를 할 수 있다.	46	-
7	가정 통신문 읽기	선택	• 가정 통신문을 읽을 수 있다.	48	-
8	생각 넓히기	선택	• 학예 발표 경험에 대해 이야기할 수 있다.	50	-

● 단원 지도상의 유의점

◆ 〈의사소통 한국어〉 교재의 특성상 낱말, 표현, 문법을 분리하지 않고, 주어진 장면과 상황 안에서 통합적으로 학습할 수 있도록 지도한다. 그림과 사진을 통해 어휘 및 표현을 이해하고, 제시된 대화나 활동으로 문법을 이해할 수 있도록 교수한다.

◆ 마지막 적용 문항에서는 매 차시 배운 어휘나 문법을 활용해 차시별 학습 주제를 2~3문장 이상의 복문으로 말할 수 있도록 지도한다.

◆ 어휘나 표현에 대한 지식은 '어휘 지식'으로, 체언이나 용언에 결합하는 조사나 문형은 '문법 지식'으로 구분하여 제시한다.

· 주요 학습 내용

> 어휘
> 배드민턴을 치다, 단소를 불다
>
> 문법 및 표현
> -을 줄 알다/모르다

· 학습 목표
· 자신이 할 수 있는 일을 묻고 대답할 수 있다.

1 도입 – 3분

1) 학생들과 함께 단원 도입 그림을 보면서 간단한 질문을 주고받는다.
- 🔴 그림 속 친구들이 무엇을 하고 있어요?
- 🔴 여러분이 좋아하는 활동은 뭐예요?
- 🔴 방과 후 교실에서 무엇을 배우고 싶어요?

2) 단원 학습 목표를 소개한다.

3) 1번 그림들을 보면서 오늘 배울 내용을 안내한다.
- 🔴 친구들이 무엇을 하고 있어요? 이 중 내가 할 수 있는 것들이 있어요?

2 제시, 설명 – 15분

1) 1번 그림을 보면서 무엇을 하고 있는지 단어를 익힌다. 그리고 그 일을 할 수 있는지 없는지 표현하는 방법을 익힌다.
- 🔴 (수영을 하다) 남학생이 무엇을 하고 있어요?
- 🔴 (자전거를 타다) 여학생이 무엇을 하고 있어요?
- 🔴 (배드민턴을 치다) 남학생이 무엇을 하고 있어요?
- 🔴 (단소를 불다) 남학생이 무엇을 하고 있어요?
- 🔴 (피아노를 치다) 여학생이 무엇을 하고 있어요?
- 🔴 (기타를 치다) 여학생이 무엇을 하고 있어요?

2) 익힘책 22쪽 1번을 풀게 한다.

어휘 지식	
배드민턴을 치다 [배드민터늘 치다]	네트를 사이에 두고 라켓으로 깃털이 달린 공을 서로 치고 받는 경기를 하다. 📌 친구와 배드민턴을 쳤다. 체육 시간에 배드민턴을 쳤다.
단소를 불다	오래된 대나무로 짧고 가늘게 만들어 앞에 넷, 뒤에 하나의 구멍을 뚫은 한국의 전통 관악기의 소리를 내다. 📌 음악 시간에 단소를 불었다. 입을 오므려 단소를 불었다.

---

1 할 수 있는 일

1. 여러분이 할 수 있는 일에 대해 이야기해 봅시다.

1) 여러분이 할 수 있는 일은 ○, 할 수 없는 일은 ✕로 표시해 보세요.

☐ 수영을 하다

☐ 자전거를 타다

☐ 배드민턴을 치다

☐ 단소를 불다

☐ 피아노를 치다

☐ 기타를 치다

2) 여러분이 할 수 있는 일을 더 말해 보세요.

> 나는 ○○○을/를
> 할 줄 알아요.

---

2) 익힘책 23쪽 3번을 풀게 한다. 할 줄 모르는 일에는 ✕로 표시하게 한다.
- 🔴 ①번 그림을 보고 자신이 할 줄 아는 일에는 ○, 할 줄 모르는 일에는 ✕ 표시를 해 봅시다.
- 🔴 선생님의 질문을 듣고 할 수 있는 친구는 (손으로 크게 동그라미를 만들며) ○ 표시를 하고, 할 수 없는 친구는 (손으로 크게 가위 표시를 만들며) ✕ 표시 해 봅시다.
- 🔴 수영을 할 줄 알아요?
  수영을 할 줄 몰라요?
  자전거를 탈 줄 알아요?
  자전거를 탈 줄 몰라요?

3) 1번 그림에 제시된 것 이외에 자신이 할 수 있는 것을 말해 보게 한다.
- 🔴 여러분이 더 할 수 있는 일을 말해 보세요.

배드민턴을 치다,
단소를 불다

-을 줄 알다/모르다

2. 질문을 만들어 친구와 묻고 대답해 봅시다.

1) 알맞은 질문을 만들고 대답해 보세요.

질문	대답	
	○	×
수영을 할 줄 아니?	응, 나는 수영을 할 줄 알아.	아니, 나는 수영을 할 줄 몰라.
	응, 나는 자전거를 탈 줄 알아.	아니, 나는 자전거를 탈 줄 몰라.

2) 친구와 함께 묻고 대답해 보세요.

3. 여러분이 할 수 있는 것을 써 봅시다.

나는 _____ 줄 알아요.

2. 취미 생활 • 37

37

문법 지식

-을 줄 알다/모르다

· 특정한 사실이나 방법을 아는지 모르는지 물어보고 대답할 때 사용하는 표현이다.

	조건	형태	예시
①	받침 ○	-을 줄 알다/ 모르다	돈을 찾을 줄 알다/모르다, 음식을 먹을 줄 알다/모르다
②	받침 ×	-ㄹ 줄 알다/ 모르다	수영을 할 줄 알다/모르다, 자전거를 탈 줄 알다/모르다, 피아노를 칠 줄 알다/모르다
	ㄹ 받침	-줄 알다/ 모르다	단소를 불 줄 알다/모르다, 김밥을 만들 줄 알다/모르다

3 연습 - 12분

1) 2번 문제의 예시를 참고하여 질문을 만들어 보도록 한다.
- 신 수영을 할 줄 아는지를 어떻게 질문하고 대답했어요?
- 신 자전거를 탈 줄 아는지를 묻는 질문은 어떻게 하면 될까요?

2) 질문 만들기가 끝나면 교사 시범하에 한두 가지 질문을 연습한 뒤 친구끼리 질문하고 대답하도록 한다.
- 신 선생님의 질문에 자신이 할 줄 아는지 생각하며 대답해 봅시다. 수영을 할 줄 알아요?
- 신 모둠 친구들과 함께 묻고 답해 봅시다.

4 적용 - 8분

1) 자신이 할 줄 아는 활동을 세 가지씩 떠올려 보도록 한다.
- 신 나는 어떤 것들을 할 줄 알아요? 세 가지씩 떠올려 봅시다.

2) 내가 잘할 수 있는 것을 떠올려 3번에 쓰게 한다.
- 신 여러분이 할 줄 아는 활동 중에서 가장 잘할 수 있는 것을 한 가지 골라 써 봅시다.

3) 자신이 할 수 있는 활동을 동작과 함께 친구들에게 이야기하게 한다.

※ 유의점: 자신이 할 수 있는 활동을 친구들에게 발표할 때 먼저 동작을 보여 준 후에 다음과 같이 친구의 질문을 듣고 대답을 하도록 한다.
질문: _____을/를 할 줄 아니?
대답: 나는 _____을/를 할 줄 알아.

5 정리 - 2분

1) 배운 어휘와 표현으로 자신이 잘할 수 있는 것을 한 가지 정하여 짝과 말해 보도록 한다.
- 신 내가 잘할 수 있는 것을 친구에게 자신 있게 이야기해 봅시다.

2) 차시 예고를 한다.
- 신 다음 시간에는 여러분이 배우고 싶은 것에 대해 배울 거예요. 배우고 싶은 게 있는지 생각해 오세요.

2차시 배우고 싶은 것

·주요 학습 내용

> **어휘**
> 방과 후 교실, 수업이 끝나다, 바이올린, 미술, 바둑, 방송 댄스
>
> **문법 및 표현**
> -을래?, -자마자
>
> **준비물**
> 듣기 자료

·학습 목표
· 자신이 배우고 싶은 것을 묻고 대답할 수 있다.

① 도입 – 3분

1) 학생들과 함께 지난 시간에 배운 내용을 복습한다.

   🔵 (수영하는 동작을 하며) 여러분은 수영을 할 줄 알아요?

2) 방과 후 교실에서 배우고 있는 활동에는 어떤 것이 있 는지 물어보며 학생들의 관심을 유도한다.

② 제시, 설명 – 15분

1) 타이선과 장위의 대화를 듣고 들은 내용을 확인하게 한다.

> **듣기 자료 🔵6**
> 타이선: 장위, 수업 끝나고 나랑 같이 자전거 탈래?
> 장위: 미안해. 수업 끝나자마자 방과 후 교실에 가야 해.
> 타이선: 방과 후 교실에서 무엇을 배우는데?
> 장위: 응, 바이올린을 배우는데 재미있지만 좀 어려워.

2) 대화 내용을 다시 한번 듣고 2-1)번의 빈칸에 알맞은 말을 쓰게 한다.

3) 빈칸에 제시된 표현을 넣어 두 번씩 따라 읽게 한다.

4) 짝과 역할을 나누어 다시 읽어 보도록 한다.

5) 익힘책 24쪽 1번, 2번을 풀게 한다.

문법 지식

-을래?

· 동사에 붙어 어떤 일이나 선택에 대해 듣는 사람의 의사나 의향을 물음을 나타낸다. 말하는 사람이 듣는 사람의 생각 을 알기 위해 질문할 때 사용하며, 주로 비격식적인 구어에 서 많이 사용한다.

	조건	형태	예시
①	받침 ○	-을래?	피자를 먹을래?, 책을 읽을래?
②	받침 ×	-ㄹ래?	수영을 할래?, 자전거를 탈래?, 춤을 출래?
	ㄹ 받침	-래?	놀이터에서 놀래?, 연을 만들래?

---

2 배우고 싶은 것

1. 대화를 듣고 물음에 답해 봅시다. 🔵6

   1) 타이선은 장위와 무엇을 하고 싶어 해요?

   2) 장위는 수업이 끝나자마자 어디에 가야 해요?

   3) 장위는 무엇을 배워요?

2. 대화를 다시 듣고, 친구와 함께 묻고 대답해 봅시다.

   1) (   ) 안에 알맞은 말을 써 보세요.

   > 장위,
   > 수업 끝나고 나랑 같이
   > ＿＿＿＿＿＿＿＿＿＿?

   > 미안해! 수업 끝나자마자
   > 방과 후 교실에 가야 해.

   2) (   ) 안에 들어갈 말을 다른 말로 바꾸어 친구와 묻고 대답해 보세요.

   ① 배드민턴을 치다   ② 춤을 추다   ③ 놀다   ④ 숙제하다

38 • 의사소통 한국어 3

38

-자마자

· 연달아 일어나는 사건이나 동작을 나타내는 연결 어미로 동 사에 붙어 앞 절의 동작이 이루어진 후 바로 뒤이어 다음 절 의 사건이나 동작이 일어남을 나타낸다.

	조건	형태	예시
①	받침 ○	-자마자	먹자마자, 읽자마자, 받자마자, 만들자마자
②	받침 ×	-자마자	타자마자, 보자마자, 마시자마자, 도착하자마자

· '-자마자'는 동사와 결합하고, 어떤 동사가 와도 형태가 변하지 않는다.

방과 후 교실, 수업이 끝나다,
바이올린, 마술, 바둑,
방송 댄스

-을래?, -자마자

3. 방과 후 교실에 대해 이야기해 봅시다.

1) 어떤 방과 후 교실이 있어요?

2) 여러분은 어떤 것을 배우고 싶어요?

3) 친구와 함께 배우고 싶은 것을 이야기해 보세요.

가: 나랑 같이 마술을 배울래?
나: 아니, 나는 바이올린을 배우고 싶어.

바이올린

마술

방송 댄스

바둑

39

어휘 지식

방과 후 교실	학생과 학부모의 요구와 선택을 반영하여 수익자 부담 또는 재정 지원으로 이루어지는 정규 수업 이외의 교육 및 돌봄 활동. 예 나는 방과 후 교실에서 영어를 배운다. 나는 방과 후 교실에서 글쓰기를 배운다.
수업이 끝나다 [수어비 끈나다]	교사가 학생에게 지식이나 기술을 가르쳐 주는 시간이 모두 지나가다. 예 학교 수업이 끝났다. 방과 후 교실 수업이 끝났다.
바이올린	가운데가 잘록한 타원형 몸통에 네 줄을 매고 활로 줄을 문질러서 소리를 내는 악기. 예 바이올린을 연주한다. 바이올린을 켤 수 있다.
마술	빠른 손놀림이나 장치 등을 사용하여 사람의 눈을 교묘하게 속여 사람들을 즐겁게 해 주는 기술. 예 마술사가 마술을 한다. 마술은 재미있다.
바둑	가로와 세로로 줄이 그어진 네모난 판에 두 사람이 각각 흰 돌과 검은 돌을 번갈아 놓으며 승부를 겨루는 놀이. 예 친구와 바둑을 둔다. 할아버지께서는 바둑을 좋아하신다.
방송 댄스	대중가요의 가수가 텔레비전 방송에 출연하여 추는 춤. 예 가수가 방송 댄스를 한다. 나는 방송 댄스를 배우고 싶다.

④ 적용 – 12분

1) 3번의 예시 대화의 활동(방송 댄스, 바둑)을 바꾸어 친구와 대화를 연습하도록 한다.

2) 친구와 함께 다음과 같은 놀이를 하도록 한다.

※ 다른 활동

① 자신이 방과 후 교실에서 친구와 함께 하고 싶은 활동을 한 가지 정한다.

② 교실을 돌아다니면서 친구를 만나면 가위바위보를 한다.

③ 이긴 친구가 먼저 '-을래?' 표현을 활용하여 친구에게 같이 할지 물어본다.

④ 먼저 5명의 친구에게 질문을 한 학생은 자리로 돌아온다.

⑤ 정리 – 2분

1) 방과 후 교실에서 배우고 싶은 것을 물어본 뒤 오늘 배운 '-을래?', '-자마자' 표현을 학생들이 잘 알고 있는지 확인한다.

2) 차시 예고를 한다.

③ 연습 – 8분

1) 3번 그림을 보고 친구들이 어떤 활동을 하는지 살펴보도록 한다.

선 어떤 방과 후 교실이 있어요?
방과 후 교실에서 어떤 것을 배우고 싶어요?

2) 익힘책 24쪽 3번, 25쪽 4번을 풀게 한다.

3) 3번의 예시 대화를 교사가 읽어 주고 따라 읽게 한다.

※ 유의점

– 배우고 싶은 경우에는 다음과 같이 대답할 수 있도록 안내하고 연습하도록 한다.

가: 나랑 같이 마술을 배울래?
나: 응. 나도 마술을 배우고 싶어.

· 주요 학습 내용

> 어휘
> 금붕어를 기르다, 강아지를 키우다, 영화를 보다,
> 비행기를 타다
>
> 문법 및 표현
> -은 적이 있다/없다
>
> 준비물
> 〈부록〉 붙임 딱지

· 학습 목표
· 자신의 특별한 경험을 소개할 수 있다.

1 도입 - 3분

1) 지난 주말에 경험한 일을 물어보며 자연스럽게 학생들의 관심을 유도한다.

2) 학습 목표를 소개한다.

2 제시, 설명 - 10분

1) 1번의 그림을 살펴본 뒤 붙임 딱지에서 그림에 어울리는 표현을 찾아 붙이도록 한다.

> 신 붙임 딱지에는 어떤 내용이 적혀 있어요?
> 그림과 어울리는 붙임 딱지를 찾아 붙여 봅시다.

2) 교사를 따라 1번 그림 아래의 표현들을 두 번씩 읽게 한다.

> 신 여행을 가다
> 학 여행을 가다
> 신 금붕어를 기르다
> 학 금붕어를 기르다

> ※ 유의점: 학생이 교사를 무조건 따라 읽도록 하는 것보다 이어지는 동사나 앞의 명사를 만들어 보게 하는 활동으로 발전하는 것이 좋다.
> '금붕어'를 발음할 때 받침 'ㅁ'과 'ㅇ'을 주의하도록 한다. '강아지/금붕어를 기르다'와 '키우다'를 같이 사용할 수 있음을 설명한다.

3) 익힘책 26쪽 1번, 2번을 풀게 한다.

4) 1번 그림을 보고 아이들이 어떤 활동을 하고 있는지 살펴보도록 한다.

> 신 (그림 ①) 가족들이 무엇을 하고 있어요?
> 기분이 어때 보여요?
> 가족과 함께 자동차를 타고 여행 가 본 적 있어요?
> 신 (그림 ②) 남학생이 무엇을 하고 있어요?
> 여러분은 금붕어를 길러 본 적 있어요?
> 신 (그림 ③) 여학생은 무엇을 하고 있어요?
> 강아지를 키워 본 적이 있어요?
> 신 (그림 ④) 여학생은 무엇을 하고 있어요?

3 경험한 일

1. 친구들이 무엇을 해요? 그림을 보고 붙임 딱지를 붙여 봅시다. 붙임 딱지

① 와, 신난다!

[붙임 딱지]

② [붙임 딱지]

③ [붙임 딱지]

④ [붙임 딱지]

영화를 본 적이 있어요?

> **문법 지식**
>
> **-은 적이 있다/없다**
> · 과거의 경험을 나타내는 표현으로 동사에 붙어 어떤 행위가 과거에 있었던 일임을 나타낸다. 과거의 사건이나 경험을 이야기할 때 사용한다.
>
> | | 조건 | 형태 | 예시 |
> |---|---|---|---|
> | ① | 받침 ○ | -은 적이 있다/없다 | 먹은 적이 있다/없다, 받은 적이 있다/없다, 찾은 적이 있다/없다, 읽은 적이 있다/없다 |
> | ② | 받침 × | -ㄴ 적이 있다/없다 | 탄 적이 있다/없다, 배운 적이 있다/없다, 본 적이 있다/없다, 다닌 적이 있다/없다 |
> | | ㄹ 받침 | -ㄴ 적이 있다/없다 (어간 'ㄹ' 탈락) | 논 적이 있다/없다, 만든 적이 있다/없다 |

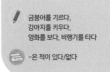

금붕어를 기르다,
강아지를 키우다,
영화를 보다, 비행기를 타다

-은 적이 있다/없다

2. 경험한 것에 대해 이야기해 봅시다.

1) 〈보기〉와 같이 친구와 묻고 대답해 봅시다.

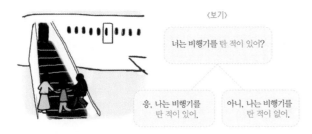

〈보기〉

너는 비행기를 탄 적이 있어?

응, 나는 비행기를 탄 적이 있어.

아니, 나는 비행기를 탄 적이 없어.

2) 1번 그림을 보고 친구와 묻고 대답해 봅시다.

3. 여러분은 어떤 경험을 했어요? 특별한 경험을 소개하고 그때의 생각이나 느낌을 써 봅시다.

나는 _____ 적이 있어요.

_____

2. 취미 생활 • 41

41

---

3) 익힘책 27쪽 3번을 풀게 한다.

어휘 지식	
금붕어를 기르다	어항이나 연못에서 금빛이나 붉은색 물고기를 기르다. 예 집에서 금붕어를 기르고 있어요. 나는 금붕어를 10마리 기르고 있다.
강아지를 키우다	개의 새끼를 보살펴 자라게 하다. 예 친구는 집에서 귀여운 강아지를 키운다. 집에서 강아지를 키우고 있다.
영화를 보다	일정한 의미를 갖고 움직이는 대상을 촬영하여 영사기로 영사막에 비추어서 보게 하는 종합 예술을 즐기거나 감상하다. 예 영화관에서 영화를 보았다. 친구와 함께 영화를 보러 갈 거예요.
비행기를 타다	사람이나 물건을 싣고 하늘을 날아다니는 탈것 위에 오르다. 예 외국에 가기 위해 비행기를 탔다. 제주도에 가는 비행기를 탔다.

4 적용 – 15분

1) 1번의 그림에 나타난 경험 이외의 특별한 경험을 소개하는 짧은 글을 3번에 쓰게 한다.

※ 유의점: 생각이나 느낌을 쓰기 어려워하는 경우에 교사가 다음과 같이 예시를 보여 준다.

예 나는 기차를 탄 적이 있어요.

기차를 타니까 조금 무서웠지만 정말 신이 났어요.

2) 쓴 글을 친구들 앞에서 발표하게 한다.

선 친구가 어떤 경험을 했어요?

그때의 생각이나 느낌은 어떻다고 했어요?

※ 다른 활동: 진진가 활동

① 3가지 경험 중 2가지 경험은 진짜 있었던 일을, 1가지 경험은 경험하지 않은 일을 가짜로 적는다.

② 한 명씩 자신이 적은 3가지 경험을 친구들에게 말하고 친구들은 가짜 경험을 찾아낸다.

③ 가짜 경험을 맞힌 친구가 다음 차례가 되어 자신의 경험을 말한다.

5 정리 – 2분

1) 오늘 배운 표현인 '-은 적이 있다/없다'를 사용하여 자신의 경험을 한 가지씩 말하도록 한다.

2) 차시 예고를 한다.

---

3 연습 – 10분

1) 교사가 2번의 〈보기〉 중 질문형으로 물어보고 학생들은 배운 어휘를 활용하여 긍정 또는 부정형으로 대답하게 한다.

선 비행기를 탄 적이 있니?/여행을 간 적이 있니?/금붕어를 기른 적이 있니?/강아지를 키운 적이 있니?/영화를 본 적이 있니?

※ 유의점: 교사의 질문에 모든 학생이 똑같이 대답하지 말고, 먼저 경험이 있는 학생들에게 긍정형으로 대답하도록 한다. 이어서 경험이 없는 학생에게 부정형으로 대답하도록 안내한다.

2) 1번 그림을 보면서 〈보기〉와 같이 경험한 것에 대해 친구와 묻고 답하도록 한다.

선 여러분은 무엇을 해 봤어요? 〈보기〉와 같이 여러분의 경험을 써 봅시다.

※ 유의점: 자칫 특별한 경험이 없는 학생을 놀리거나 문화적 결핍으로 인한 소외감을 느끼지 않도록 주의한다.

· 주요 학습 내용

> 어휘
> 학예 발표회, 자신 있다, 가르쳐 주다, 태권도 연습, 초대하다
> 준비물
> 듣기 자료

· 학습 목표

· 자신이 하고 싶은 것을 글로 쓸 수 있다.

1 도입 – 3분

1) 학생들에게 지난 시간에 배운 내용을 기억하고 있는지 확인한다.
   📢 여러분은 수영을 할 수 있어요?
   여러분은 영화를 본 적이 있어요?

2) 학습 목표를 소개한다.

2 제시, 설명 – 7분

1) 익힘책 28쪽 1번 그림을 보며 전 차시에서 배운 취미와 능력에 대한 질문을 한다.
   📢 친구들은 무엇을 하고 있어요?
   여러분 중에 태권도를 해 본 적 있는 친구 있어요?

2) 서영이와 준서의 대화를 듣고 대화 내용을 확인하도록 한다.

> 듣기 자료 🔊 7
> 서영: 준서야, 학예 발표회 때 뭐 할 거야?
> 준서: 나는 태권도를 할 거야.
> 서영: 너, 태권도 할 줄 알아?
> 준서: 그럼, 태권도는 자신 있지. 너도 나랑 같이 태권도 할래?
> 서영: 난 태권도를 배운 적이 없어서 못해.
> 준서: 내가 가르쳐 줄게. 나한테 배워 볼래?
> 서영: 한 번도 해 본 적은 없지만 열심히 해 볼게.
> 준서: 그럼, 오늘 수업 끝나자마자 태권도 연습할래?
> 서영: 응, 알았어.

📢 서영이와 준서는 무엇을 준비하고 있어요?
📢 여러분은 학예 발표회를 한 적이 있어요?
📢 서영이는 태권도를 한 적이 있어요?
📢 서영이와 준서는 수업이 끝나자마자 무엇을 할까요?

---

4 하고 싶은 것

1. 대화를 듣고 물음에 답해 봅시다. 🔊 7

   1) 서영이와 준서는 무엇을 준비하고 있어요?

   2) 서영이와 준서는 수업이 끝나자마자 무엇을 하기로 했어요?

2. 친구와 함께 역할 놀이를 해 봅시다.

   1) 대화를 다시 듣고 밑줄 그은 부분에 들어갈 말을 쓰세요. 🔊 7

① 준서야, 학예 발표회 때 _____?

② 나는 태권도를 할 거야.

③ 너, 태권도 할 줄 알아?

④ 그럼, 태권도는 자신 있지. 너도 나랑 같이 _____?

⑤ 난 태권도를 배운 적이 없어서 못해.

⑥ 내가 가르쳐 줄게. 나한테 배워 볼래?

⑦ 한 번도 해 본 적은 없지만 _____

어휘 지식	
학예 발표회	주로 학생들의 작품을 전시하거나 준비한 공연 등을 발표하는 특별 교육 활동. 예 학예 발표회가 끝났다. 학예 발표회에서 연극을 했다.
자신 있다	어떤 일을 해낼 수 있다거나 어떤 일이 꼭 그렇게 될 것이라고 스스로 굳게 믿다. 예 무슨 일에 자신이 있어요? 나는 어떤 일이든 잘할 자신 있다.
가르쳐 주다	다른 사람에게 지식이나 기술 등을 설명해서 익히게 하다. 예 선생님께서 우리에게 공부를 가르쳐 주신다. 언니가 나에게 공부를 가르쳐 주었다.
태권도 연습	한국 전통 무술에 바탕을 둔, 손과 발 등을 사용해 차기, 지르기, 막기 등의 기술로 공격과 방어를 하는 운동인 태권도를 잘할 수 있도록 반복하여 익힘. 예 시합에 나가기 위해 태권도 연습을 한다. 태권도 연습을 열심히 했다.
초대하다	다른 사람에게 어떤 자리, 모임, 행사 등에 와 달라고 요청하다. 예 친구들을 우리 집에 초대했다. 손님을 초대했다.

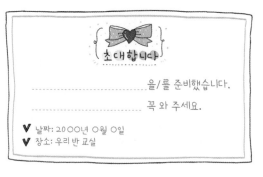

학예 발표회, 자신 있다,
가르쳐 주다,
태권도 연습, 초대하다

⑧ 그럼, 오늘 수업 끝나자마자
_____?

⑨ 응, 알았어.

2) 역할을 나누어 하고 싶은 것에 대해 대화해 보세요.

3. 학예 발표회 때 부모님을 초대하는 글을 써 봅시다.

1) 학예 발표회 때 하고 싶은 것을 말해 보세요.

> ● 평소에 자주 하고, 좋아하는 활동은 뭐예요?
> ● 방과 후 교실에서 무엇을 배워요?

2) 학예 발표회에 부모님을 초대하는 글을 써 보세요.

> **초대합니다**
>
> _____을/를 준비했습니다.
> _____ 꼭 와 주세요.
>
> ✔ 날짜: 2○○○년 ○월 ○일
> ✔ 장소: 우리 반 교실

2. 취미 생활 • 43

43

③ 연습 – 13분

1) 서영이와 준서의 대화(🔊7)를 다시 듣고 밑줄 그은 부분에 들어갈 말을 쓰게 한다.
　🔲 대화를 다시 듣고 대화를 완성해 봅시다.

2) 선생님을 따라 역할 놀이의 대본을 한 번씩 읽어 보게 한다.
　🔲 서영이와 준서의 대화를 선생님과 같이 읽어 봅시다.

3) 교실 전체 학생들 중에서 역할을 나누어 연습하도록 한다.
　🔲 누가 서영이 역할을 해 볼까요?
　　 누가 준서 역할을 해 볼까요?

4) 짝과 역할을 나누어 대화를 하도록 한다.
　🔲 역할을 정하여 대화를 해 봅시다.
　　 그리고 역할을 바꾸어 대화를 해 봅시다.

5) 역할 놀이의 대화를 친구들 앞에서 실감 나게 발표하

도록 한다.

　※ 유의점: 가능하면 많은 학생들이 역할 놀이에 참여하여 대화를 나누어 볼 수 있도록 독려한다.

④ 적용 – 15분

1) 3-1)의 질문을 학생들끼리 주고받게 한다.
　🔲 평소에 자주 하고 좋아하는 활동은 뭐예요?
　🔲 방과 후 교실에서 배운 활동이 있어요?
　🔲 학예 발표회 때 내가 발표할 수 있는 것들을 말해 봅시다.

2) 학예 발표회 때 친구들과 함께 하고 싶은 활동을 '-을래?' 표현을 사용해 모둠원들과 이야기 나눌 수 있도록 한다.
　🔲 학예 발표회 때 친구들과 함께 하고 싶은 활동을 모둠 친구들과 이야기해 봅시다.

3) 3-2)에 학예 발표회에 부모님을 초대하는 글을 쓰게 한다.
　🔲 먼저 학예 발표회에서 무엇을 할지를 쓰세요.
　　 그리고 부탁하는 말을 써 봅시다.

4) 교재 43쪽까지 학습한 후 연장 활동으로 쓰기 활동인 익힘책 28쪽 1번을 풀게 한다.

⑤ 정리 – 2분

1) 이 단원에서 배운 표현들을 익힐 수 있도록 한다.
　🔲 수영을 할 줄 알아요?
　🔲 비행기를 탄 적이 있어요?

2) 차시 예고를 한다.

2단원 취미 생활 • 37

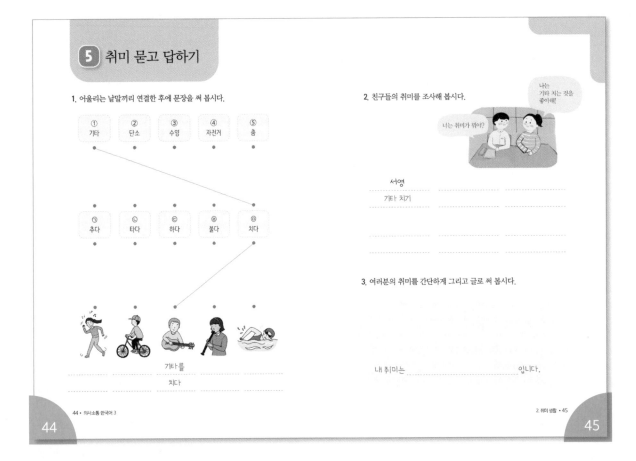

5차시 취미 묻고 답하기

• 학습 목표
• 취미를 묻고 대답할 수 있다.

1 도입 – 3분

1) 평소에 내가 좋아하거나 잘하는 일들을 이야기하면서 자연스럽게 차시 주제로 유도한다.
   🔊 평소에 내가 좋아하는 활동은 어떤 거예요?
   내가 잘할 수 있는 것은 어떤 거예요?

2 제시, 설명 – 12분

1) 1번의 관련 어휘(①~⑤, ㉠~㉤)를 교사가 먼저 읽고 학생들이 두 번씩 따라 읽게 한다.

2) 1번 그림의 ①~⑤의 명사와 어울리는 ㉠~㉤의 동사를 찾아 바르게 연결하게 한다.

3) 학생들과 함께 답을 확인한다.
   🔊 기타와 어울리는 동사는 뭐예요?

4) 1번 ①~⑤의 명사와 어울리는 ㉠~㉤의 동사를 연결한 것을 바탕으로 어울리는 그림을 찾은 뒤 예시와 같이 표현을 적게 한다.

5) 그림과 같은 그림 카드를 활용하여 학생들의 답을 확인한다.

6) 완성한 표현을 다 같이 큰 소리로 두 번씩 읽게 한다.

3 연습 – 15분

1) 2번에 제시된 예시를 통해 활동에 필요한 주요 표현을 학습하도록 한다.
   🔊 준서와 서영이의 대화를 보면서 짝과 역할을 나누어 취미를 묻고 답해 봅시다.

2) 자신의 취미를 묻고 답하는 대화를 연습하도록 한다.

3) 교실을 다니면서 친구를 만나 친구의 취미를 조사하는 활동을 하게 한다.

4) 자신이 조사한 친구들의 취미를 발표하게 한다.

4 적용 – 8분

1) 자신의 취미를 간단한 그림과 글로 3번에 표현하도록 한다.

2) 앞에 나와서 자신의 취미를 발표하게 한다.

5 정리 – 2분

1) 취미 활동으로 할 수 있는 것에는 또 어떤 것들이 있을지 물어본다.

2) 학생들에게 교사의 취미를 물어보게 하고 교사가 자신의 취미를 답해 준다.

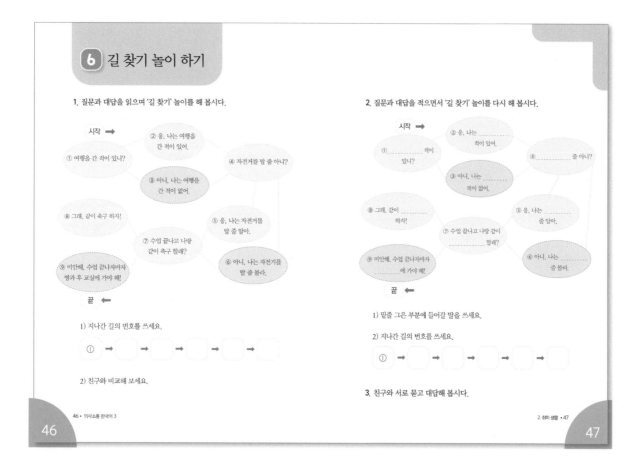

6 길 찾기 놀이 하기

1. 질문과 대답을 읽으며 '길 찾기' 놀이를 해 봅시다.

시작 ➡

① 여행을 간 적이 있니?
② 응, 나는 여행을 간 적이 있어.
③ 아니, 나는 여행을 간 적이 없어.
④ 자전거를 탈 줄 아니?
⑤ 응, 나는 자전거를 탈 줄 알아.
⑥ 아니, 나는 자전거를 탈 줄 몰라.
⑦ 수업 끝나고 나랑 같이 축구 할래?
⑧ 그래, 같이 축구 하자!
⑨ 미안해, 수업 끝나자마자 방과 후 교실에 가야 해!

끝 ⬅

1) 지나간 길의 번호를 쓰세요.

① ➡ ☐ ➡ ☐ ➡ ☐ ➡ ☐ ➡ ☐

2) 친구와 비교해 보세요.

2. 질문과 대답을 적으면서 '길 찾기' 놀이를 다시 해 봅시다.

시작 ➡

① _____ 적이 있니?
② 응, 나는 _____ 적이 있어.
③ 아니, 나는 _____ 적이 없어.
④ _____ 줄 아니?
⑤ 응, 나는 _____ 줄 알아.
⑥ 아니, 나는 _____ 줄 몰라.
⑦ 수업 끝나고 나랑 같이 _____ 할래?
⑧ 그래, 같이 _____ 하자!
⑨ 미안해, 수업 끝나자마자 _____ 에 가야 해!

끝 ⬅

1) 밑줄 그은 부분에 들어갈 말을 쓰세요.

2) 지나간 길의 번호를 쓰세요.

① ➡ ☐ ➡ ☐ ➡ ☐ ➡ ☐ ➡ ☐

3. 친구와 서로 묻고 대답해 봅시다.

6차시 길 찾기 놀이 하기

• 학습 목표
• 친구와 '길 찾기' 놀이를 할 수 있다.

1 도입 - 3분

1) 필수 차시에서 학습한 표현과 관련된 질문을 하면서 복습을 한다.
　🔵 여러분은 자전거를 탈 줄 알아요?

2 제시, 설명 - 15분

1) 교사가 길 찾기 놀이의 방법을 간단하게 설명한다.
　🔵 선생님한테 물어보세요.
　　여행을 간 적이 있어요? 네, 있어요. 그럼 이쪽으로 가요.
2) 1번에서 교사가 먼저 질문과 대답을 차례로 읽고 학생들이 따라 읽게 한다.
3) 학생들이 질문에 어울리는 답을 정하여 길을 찾아가도록 한다.
4) 1-1)에 자신이 지나간 길의 번호를 쓴다.
5) 짝과 질문과 대답을 주고받으며 길 찾기 놀이를 한다.

3 연습 - 15분

1) 길 찾기 놀이에 제시된 질문을 보고 밑줄 그은 부분에 들어갈 말을 쓰게 한다.
2) 자신이 지나간 길의 번호를 2-2)에 쓰게 한다.

4 적용 - 5분

1) 짝과 질문과 대답을 주고받으며 길 찾기 놀이를 하게 한다.
2) 역할을 바꾸어 질문과 대답을 주고받으며 길 찾기 놀이를 하게 한다.

　※ 다른 활동: 공 주고받기 놀이
　① 노래가 시작되면 학생들끼리 공을 주고받는다.
　② 노래가 멈추었을 때 공을 들고 있는 학생에게 교사가 주요 표현과 관련된 질문을 한다.
　③ 공을 들고 있는 학생은 질문에 어울리는 대답을 한다.
　④ 다시 노래가 시작되면 공을 주고받는다.

5 정리 - 2분

1) 방과 후에 친구와 함께 하고 싶은 활동을 떠올린 후 '-을래?'의 표현을 사용하여 질문을 주고받을 수 있도록 한다.
2) 차시 예고를 한다.

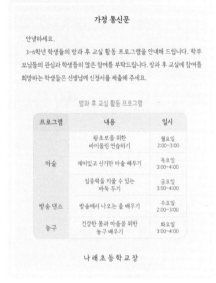

7 가정 통신문 읽기

1. 선생님과 함께 가정 통신문을 읽어 봅시다.

가정 통신문

안녕하세요.
3~6학년 학생들의 방과 후 교실 활동 프로그램을 안내해 드립니다. 학부모님들의 관심과 학생들의 많은 참여를 부탁드립니다. 방과 후 교실에 참여를 희망하는 학생들은 선생님께 신청서를 제출해 주세요.

방과 후 교실 활동 프로그램

프로그램	내용	일시
	왕초보를 위한 바이올린 연습하기	월요일 2:00~3:00
마술	재미있고 신기한 마술 배우기	목요일 3:00~4:00
	집중력을 키울 수 있는 바둑 두기	금요일 3:00~4:00
방송 댄스	방송에서 나오는 춤 배우기	수요일 2:00~3:00
농구	건강한 몸과 마음을 위한 농구 배우기	화요일 3:00~4:00

나래초등학교장

1) 무엇을 안내하는 글이에요?

2) 월요일과 금요일 프로그램은 무엇인지 쓰세요.

3) 마술은 무슨 요일에 배울 수 있어요?

4) 화요일에는 무엇을 배울 수 있어요?

5) 방과 후 교실에 참여하고 싶으면 어떻게 해야 해요?

2. 여러분 학교에는 어떤 방과 후 교실 프로그램이 있는지 말해 봅시다.

우리 학교에는 로봇 교실이 있어요.

3. 여러분이 교장 선생님이라면 어떤 프로그램을 만들고 싶어요? 프로그램 내용을 써 봅시다.

프로그램	내용

7차시 가정 통신문 읽기

· 학습 목표
· 가정 통신문을 읽을 수 있다.

1 도입 - 3분

1) 학생들이 방과 후 교실에서 배우고 있는 활동들에 대해서 질문하면서 자연스럽게 본 차시에 관심을 갖도록 유도한다.

2 제시, 설명 - 18분

1) 학생들에게 1번의 가정 통신문을 읽고 내용을 파악할 수 있는 질문을 한다.

  신 무엇을 안내하는 글이에요?

  신 월요일과 금요일에 배울 수 있는 프로그램은 무엇인지 찾아 빈칸에 써 보세요.

  신 무슨 요일에 마술을 배울 수 있어요?

  신 화요일에는 무엇을 배울 수 있어요?

  신 방과 후 교실에 참여하고 싶으면 어떻게 해야 해요?

2) 교사는 학생들과 가정 통신문을 다시 읽고 필수 차시에서 배운 표현들을 활용하여 학생들이 능력이나 경험을 말하도록 한다.

  신 여러분은 바이올린을 켤 줄 알아요?

바둑을 둘 줄 알아요?
마술을 해 본 적이 있어요?
방과 후 교실에서 방송 댄스를 배운 적이 있어요?

3 연습 - 7분

1) 자신이 다니는 학교에 어떤 방과 후 교실 프로그램이 있는지 말해 보게 한다.

  신 여러분 학교에는 어떤 방과 후 교실 프로그램이 있어요?

  ※ 유의점: 방과 후 교실 프로그램에 참여한 경험이 있는 학생은 무엇을 배울 수 있는지를 소개할 수 있도록 한다.

4 적용 - 10분

1) 여러분이 교장 선생님이라면 어떤 방과 후 교실 프로그램을 만들고 싶은지 3번에 쓰도록 한다.

  신 여러분이 교장 선생님이라면 어떤 방과 후 교실 프로그램을 만들고 싶나요?

2) 자신이 만들고 싶은 방과 후 교실 프로그램을 친구들에게 발표하게 한다.

5 정리 - 2분

1) 방과 후 교실에서 배운 활동 중 학예회 때 발표해 보고 싶은 것들에 대해 물어보며 '-은 적 있다' 문법을 학생들이 잘 알고 있는지 확인한다.

1. 학예 발표회에 대한 경험을 이야기해 봅시다.

자금부터 5학년 2반 학예 발표회를 시작하겠습니다.

1) 여러분은 언제, 어디에서 학예 발표회를 했어요?

2) 학예 발표회에서 무엇을 발표했어요?

3) 학예 발표회를 하면서 느낀 점을 이야기해 보세요.

50 • 의사소통 한국어 3

50

2. 기억에 남는 프로그램을 이야기해 봅시다.

3. 여러분 반에서 학예 발표회를 한다면 어떤 프로그램이 좋을지 생각해 봅시다.

1) 생각나는 프로그램을 모두 적어 보세요.

....

....

2) 가장 하고 싶은 프로그램을 고르고 이유를 말해 보세요.

2. 취미 생활 • 51

51

8차시 생각 넓히기

• 학습 목표
• 학예 발표회 경험에 대해 이야기할 수 있다.

1 도입 – 3분

1) 학예 발표회와 관련된 경험을 자유롭게 주고받으며 본 차시에 대해 흥미를 유발할 수 있도록 한다.

2 제시, 설명 – 8분

1) 학생들과 함께 1번의 그림을 보면서 그림과 관련된 질문을 한다.

신 무엇을 하고 있는 그림인 것 같아요?

신 5학년 2반 학생들은 학예 발표회에서 어떤 프로그램을 발표하고 있어요?

2) 학예 발표회에 대한 학생들의 경험을 떠올려 1번의 질문에 답하도록 한다.

신 학예 발표회를 언제, 어디에서 했어요?

신 학예 발표회에서 무엇을 발표했어요?

신 학예 발표회를 하면서 느낀 점을 이야기해 보세요.

3 연습 – 10분

1) 2번 그림을 보면서 학생들이 학예 발표회에서 발표한 프

로그램에 대해서 학생들과 대화를 주고받는다.

신 (그림 ①) 학생들이 발표회에서 어떤 프로그램을 발표하고 있어요?
연극을 해 본 적이 있어요?

신 (그림 ②) 여학생들은 어떤 프로그램을 발표하고 있어요?
바이올린을 연주할 줄 아는 친구가 있어요?

신 (그림 ③) 남학생과 여학생은 무엇을 하고 있어요?
춤을 춰 보고 싶은 친구가 있어요?

신 (그림 ④) 남학생과 여학생은 무엇을 하고 있어요?
태권도를 할 줄 알아요?

2) 학생들이 학예 발표회에서 한 프로그램 중 기억에 남는 프로그램을 자유롭게 이야기하도록 한다.

4 적용 – 12분

1) 우리 반에서 학예 발표회를 한다면 어떤 프로그램을 하고 싶은지 생각나는 내용을 3-1)에 적게 한다.

2) 적은 내용을 발표하게 하고 학생들의 발표 내용을 어휘를 중심으로 판서한다.

3) 판서한 내용을 학생들과 살펴보면서 우리 반에서는 어떤 프로그램을 정하면 좋을지 의논해 본다.

5 정리 – 2분

1) 다른 여러 나라의 학예 발표회에 대해서 이야기를 나눈다.

3단원 • 체험 학습

단원의 개관

이 단원의 목표는 체험 학습을 준비하고 실행하는 일련의 과정에서 사용하는 표현을 익히는 데 있다. 필수 차시에서는 체험 학습을 설명할 때 필요한 어휘와 표현, 그리고 문형을 배운다. 선택 차시에서는 필수 차시에서 배운 어휘와 문법을 활용해서 가정 통신문과 만화 읽기, 전통문화 체험하기 등의 학습을 진행한다. 이와 더불어 화재가 발생했을 때의 대처 방안에 대해서도 익힌다.

학습목표	\multicolumn{8}{l}{• 체험 학습에 대해 궁금한 점을 질문하고 대답할 수 있다.}							

학습 목표	• 체험 학습에 대해 궁금한 점을 질문하고 대답할 수 있다. • 체험 학습을 할 때 주의할 점을 말할 수 있다.						

주제	장면		기능	문법	어휘	문화	담화 유형
	일상생활	학교생활					
체험 학습	체험 학습 준비	체험 학습 모둠	체험 학습에 대해 묻고 대답하기 안전 규칙 이야기하기	하고 같이 끼리 대로	체험 학습 관련 어휘	화재 대피 요령	대화 가정 통신문 체험 학습 보고서
	안전 교육	체험 학습 보고서					

● 차시 전개 과정

차시	차시 제목	성격	학습 내용	교재 쪽수	익힘책 쪽수
1	체험 학습 준비	필수	• 체험 학습 관련 어휘를 알고 체험 학습에 대해 묻고 대답할 수 있다.	54	32
2	체험 학습 모둠	필수	• 선호하는 체험 학습의 모둠 형태에 대해 설명할 수 있다. 그리고 지시에 따라 모둠을 만들 수 있다.	56	34
3	안전 교육	필수	• 체험 학습에서 지켜야 하는 안전 규칙을 이해하고 이에 대해 결심하는 형태로 표현할 수 있다.	58	36
4	체험 학습 보고서	필수	• 체험 학습 보고서를 읽고 이해할 수 있다. 그리고 감정을 묘사하는 표현을 이해하고 사용할 수 있다.	60	38
5	가정 통신문 읽기	선택	• 체험 학습에 대한 가정 통신문을 읽고 전달할 수 있다.	62	-
6	만화 읽기	선택	• 만화를 읽고 내용을 이해할 수 있다. 만화의 내용을 활용하여 역할 놀이를 할 수 있다.	64	-
7	전통문화 체험하기	선택	• 한국의 전통문화를 이해한 뒤 선호하는 문화 체험을 말하고 실행할 수 있다.	66	-
8	생각 넓히기	신택	• 화재 대피 방법을 이해한 뒤 적절하게 실행할 수 있다.	68	-

● 단원 지도상의 유의점

◆ 〈의사소통 한국어〉 교재의 특성상 낱말, 표현, 문법을 분리하지 않고, 주어진 장면과 상황 안에서 통합적으로 학습할 수 있도록 지도한다. 그림과 사진을 통해 어휘 및 표현을 이해하고, 제시된 대화나 활동으로 문법을 이해할 수 있도록 교수한다.

◆ 단원 목표로 삼은 어휘와 문법, 그리고 언어 기능을 학습자가 자연스럽게 말하고 쓸 수 있도록 반복적으로 연습하되 그림, 카드, 역할극 등 다양하고 재미있는 방법을 활용한다.

◆ 어휘나 표현에 대한 지식은 '어휘 지식'으로, 체언이나 용언에 결합하는 조사나 문형은 '문법 지식'으로 구분하여 제시한다.

1차시 체험 학습 준비

• 주요 학습 내용

> **어휘**
> 장소, 날짜, 준비물, 간식, 돗자리, 남산, 경복궁, 서울 관광, 케이블카
>
> **문법 및 표현**
> 하고 같이

• 학습 목표

• 체험 학습 관련 어휘를 알고 체험 학습에 대해 묻고 대답할 수 있다.

① 도입 – 5분

1) 학생들에게 체험 학습에 관한 간단한 질문을 한다.

> 🔳 여러분, 체험 학습을 가 본 적이 있어요? 어디에 가 봤어요?

2) 전체 도입 그림을 보며 장소에 대해 언급한다.

> 🔳 이 친구가 체험 학습을 가고 싶어요. 어디에 가고 싶어요?
> 🔳 박물관, 식물원, 미술관, 놀이공원이 있어요. 여러분은 어디에 가고 싶어요?

3) 학생들이 가고 싶어 하는 이유를 물어본다.

② 제시, 설명 – 12분

1) 교재에 나온 1번 도입 질문을 한다.

> 🔳 체험 학습에 대해 이야기해 봅시다.
> 언제, 어디에 가요? 친구들은 가서 뭐 하고 싶어요?

2) 학생들이 대답하는 내용을 정리한다. 그림을 보면서 '버스를 타다, 경복궁에 가다, 친구들하고 도시락을 먹다, 케이블카를 타다' 표현을 정리하고 칠판에 쓴다.

3) 칠판 그림을 보면서 체험 학습의 내용을 학생들이 인지하도록 한다. 같이 읽으면서 장소, 날짜, 준비물과 같은 낱말도 정리하고 칠판에 쓴다.

4) '친구들하고 같이 도시락을 먹다.' 문장을 쓰면서 목표인 '하고 같이'를 강조한다.

5) 학생들이 이해하지 못하거나 어려워하는 낱말을 설명한다.

어휘 지식	
장소	어떤 일이 이루어지거나 일어나는 곳. 🔘 약속 장소가 어디라고 했지요? 모이는 장소는 학교 정문입니다.
날짜	무엇을 하려고 정한 날. 🔘 체험 학습을 가는 날짜는 10월 3일입니다. 지수의 결혼 날짜가 한 달 앞으로 다가왔다.
준비물	미리 마련하여 갖추어 놓는 물건. 🔘 여행 준비물이 뭐예요? 내일 학교에 가지고 갈 미술 준비물을 가방에 넣었다.

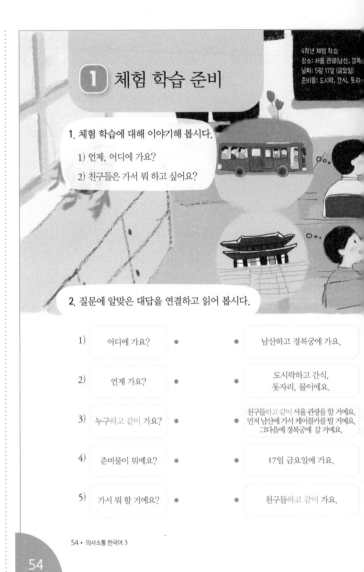

간식	끼니와 끼니 사이에 음식을 먹음. 또는 그 음식. 🔘 오후 4시에 간식을 먹었다. 저녁을 먹기 전에 간식으로 과일을 먹었다.
돗자리 [돋짜리]	풀의 줄기를 넓은 직사각형 모양으로 엮어 만든, 앉거나 누울 자리에 까는 물건. 🔘 우리는 바닥에 돗자리를 펴고 앉아 수박을 먹었다. 방에 돗자리를 깔았다.
남산	서울특별시 중구와 용산구 사이에 있는 산. 🔘 남산에 걸어서 올라갈 수도 있고 버스를 탈 수도 있다. 남산에 가면 서울을 한눈에 볼 수 있다.
경복궁 [경복꿍]	서울에 있는 조선 시대의 궁궐. 조선 시대 궁궐 중 가장 먼저 지어진 곳. 🔘 경복궁은 조선 시대에 왕이 살았던 궁궐이다. 경복궁은 지하철 경복궁역과 연결되어 있다.
서울 관광	서울의 어떤 장소를 찾아가서 경치, 상황, 풍속 등을 구경함. 🔘 서울 관광을 할 수 있는 관광 버스를 운영하고 있어요. 2박 3일 동안 서울 관광을 하려고 해요.
케이블카	높고 가파른 산에 설치하여 사람이나 짐을 나르는 차량. 🔘 관광객들이 케이블카를 타려고 줄을 서서 기다렸다. 다리가 아파서 케이블카를 타고 산에 올라갔다.

장소, 날짜, 준비물, 간식,
돗자리, 남산, 경복궁,
서울 관광, 케이블카

하고 같이

3. 친구들과 체험 학습에 대해 묻고 대답해 봅시다.

1) 알맞은 낱말을 쓰세요.

• _____ : 놀이공원
• _____ : 4월 16일 (목요일)
• _____ : 간식, 돗자리, 물
• 가서 할 일: 놀이 기구 타기, 동물원 구경하기

2) 친구와 묻고 대답하세요.

어디에 가요?   언제 가요?

문법 지식

하고 같이

· '하고'와 '같이'가 결합한 형태로 체언과 결합한다.
· '하고'는 어떤 일을 하는 대상임을 나타내는 조사이고, '같이'
는 둘 이상이 함께임을 나타내는 부사이다. 따라서 '하고 같
이'는 '와 같이, 와 함께'와 그 의미가 유사하다.
  🔵 친구하고 같이 운동을 했어요. = 친구와 함께 운동을 했어요.
· 구어에서 많이 사용한다.

③ 연습 – 10분

1) 교재에 나온 2번 줄 긋기 문제를 풀도록 한다.
  🔵 질문에 알맞은 대답을 연결하고 읽어 봅시다.

2) 큰 소리로 읽게 한다.

3) 친구들과 역할을 바꾸어 질문과 대답을 하게 한다.

4) 그림에 있는 칠판을 보면서 질문과 대답을 하게 한다.

🔵 체험 학습을 가요. 어디로 가요?
🟣 남산하고 경복궁에 가요.

④ 적용 – 10분

1) 교재 3번 활동을 한다.
  🔵 친구들과 체험 학습에 대해 묻고 대답해 봅시다.

2) 3-1) 문제를 풀게 한다.
  🔵 친구들은 놀이공원에 갑니다. 놀이공원 앞에 뭐라고 써야
  해요?

3) 친구와 묻고 대답하게 한다.
  🔵 이 종이를 보고 어떻게 물어볼 수 있어요?

> 장소: 놀이공원
> 날짜: 4월 16일 (목요일)
> 준비물: 간식, 돗자리, 물
> 가서 할 일: 놀이 기구 타기, 동물원 구경하기

🔵 어디에 가요?
🟣 놀이공원에 가요.
🔵 언제 가요?
🟣 4월 16일 목요일에 가요.
🔵 친구하고 묻고 대답해 보세요.

⑤ 정리 – 3분

1) 익힘책 32~33쪽을 풀게 한다.
  ※ 유의점: 수업을 빨리 마친 학생은 남은 시간에 익힘책을 풀
  고, 시간이 남지 않은 학생은 집에서 해 오도록 한다.
  익힘책은 반드시 교사가 확인하면서 틀린 문제는 다시 풀어
  보도록 하고, 모르는 낱말은 낱말 수첩을 만들도록 한다. 또
  한 글씨를 또박또박 쓰는지, 순서에 맞게 쓰는지를 확인한다.
  3급이 되면서 글씨 모양이 흐트러지는 학생들이 많으므로 정
  확하게 쓸 수 있도록 독려하고 지도한다.

2) 두 명씩 앞에 나와서 체험 학습에 대해 질문하고 대답하
  게 한다.

3) 가고 싶은 체험 학습과 활동에 대해 발표하게 할 수도
  있다.

4) 차시 예고를 한다.

· 주요 학습 내용

> 어휘
> 모둠을 만들다, 섞다, 번호
>
> 문법 및 표현
> 끼리, 대로
>
> 준비물
> 듣기 자료

· 학습 목표

· 선호하는 체험 학습의 모둠 형태에 대해 설명할 수 있다. 그리고 지시에 따라 모둠을 만들 수 있다.

① 도입 – 3분

1) 학생들에게 체험 학습 모둠에 대해 질문한다.

> 🔵 여러분은 체험 학습을 갈 때 모둠을 만들지요? 어떻게 모둠을 만들고 싶어요?

2) 학생들의 대답을 정리하면서 '친한 친구끼리, 여자끼리'와 같은 표현을 끌어낸다. '친한 친구끼리, 여자끼리'는 다른 색을 사용하여 강조한다.

> 🔵 여러분은 친한 친구하고 같이 모둠을 하고 싶어요? 친한 친구끼리 모둠을 만들고 싶어요?

② 제시, 설명 – 10분

1) 교재 1번 문제를 읽는다.

> 🔵 체험 학습을 갈 때 어떻게 모둠을 만들고 싶은지 이야기해 봅시다.
>
> ※ 유의점: 같은 부류끼리 묶일 때는 '명사+끼리'로 결합한다는 것을 예를 들어 설명한다.
> 🔵 남자끼리/여자끼리/가족끼리/친구끼리

2) 그림을 보면서 '남자끼리, 여자끼리, 섞어서, 반 모둠대로, 번호대로'의 의미를 이해시킨다.

3) 학생들이 표현에 익숙해지도록 교사는 표현을 넣어서 질문한다.

> 🔵 남자끼리 모둠을 만드는 게 좋아요? 섞어서 모둠을 만드는 게 좋아요?
>
> 🔵 친한 친구끼리 모둠을 만드는 게 좋아요? 번호대로 모둠을 만드는 게 좋아요?

어휘 지식

모둠을 만들다	학교에서, 효율적인 학습을 위하여 학생들을 대여섯 명 내외로 묶어 모임을 만들다. 🔵 수학 수업 때 학생을 네 명씩 묶어서 모둠을 만들었다. 우리 반에서는 체험 학습을 갈 때 모둠을 만들어서 모둠끼리 밥을 먹는다.

---

2 체험 학습 모둠

1. 체험 학습을 갈 때 어떻게 모둠을 만들고 싶은지 이야기해 봅시다.

1) 남자는 남자끼리, 여자는 여자끼리 모둠을 만든다.

2) 남자와 여자를 섞어서 모둠을 만든다.

3) 친한 친구끼리 모둠을 만든다.

4) 반 모둠대로 모둠을 만든다.

5) 번호대로 모둠을 만든다.

2. 친구들이 어떻게 모둠을 만들고 싶은지 들어 봅시다. 🎧 8

1) 다시 듣고 따라 하세요. 그리고 쓰세요.

> ● 친한 친구끼리   ● 번호대로
>
> 준서: 저는 ＿＿＿＿＿＿ 모둠을 하고 싶어요.
>
> 장위: 저는 ＿＿＿＿＿＿ 모둠을 만들어 주세요.

섞다 [석따]	두 가지 이상의 것을 한데 합치다. 🔵 남학생과 여학생을 섞어서 모둠을 만들었다. 나는 남아 있는 밥에 집에 있는 반찬을 섞고 참기름과 고추장을 넣어 비벼 먹었다.
번호	차례를 나타내거나 서로 다른 것과 구별하기 위해 붙이는 숫자. 🔵 문제를 듣고 알맞은 번호를 골라 쓰십시오. 문 앞에 서서 번호 네 개를 순서대로 누르자 문이 열렸다.

문법 지식

끼리

· '그 부류만이 서로 함께'의 뜻을 더하는 접미사이다. 체언과 결합한다.

> 🔵 우리끼리 가자.
> 남자들끼리 모이자.

대로

· 앞의 말이 가리키는 바를 따르거나 그와 같이 함을 나타내는 조사.

> 🔵 여러분, 번호대로 앉으세요.
> 어머니가 적어 주신 방법대로 된장찌개를 끓였더니 맛이 꽤 괜찮았다.
> 언니는 부모님의 뜻대로 유학을 가기로 했다.

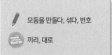

2) 모둠을 만들어 봅시다.

- 모둠을 만드는 방법을 말해 보세요.
  ① "남자끼리 모둠을 만들자."
  ② "어른끼리 모둠을 만들자."
  ③ "아이끼리 모둠을 만들자."
  ④ "동물끼리 모둠을 만들자."
  ⑤ "집에 있는 동물끼리 모둠을 만들자."
  ⑥ "동물하고 사람을 섞어서 네 명씩 모둠을 만들자."

- 방법을 듣고 연필로 모둠을 표시해 보세요.
- 모둠을 만드는 방법을 더 말해 보세요.

3. 여러분은 체험 학습 모둠을 어떻게 만들고 싶어요? 누구와 모둠을 하고 싶어요? 친구 이름을 써 봅시다.

3. 체험 학습 • 57

57

③ 연습 – 17분

1) 2번 질문을 하면서 듣기 자료를 듣는다.

> 듣기 자료 🔊 8
> 선생님: 체험 학습을 갈 때 어떻게 모둠을 만들고 싶어요? 준서, 말해 보세요.
> 준서: 저는 친한 친구끼리 모둠을 하고 싶어요.
> 선생님: 장위는요?
> 장위: 저는 친구를 많이 사귀고 싶어요. 그러니까 번호대로 모둠을 만들어 주세요.

2) 준서와 장위의 말을 듣고 쓰게 한다.

3) 들은 내용을 따라 하게 한다.

4) 그림을 보면서 2-2)와 같이 모둠을 만들어 보도록 한다.
  🔊 어떤 동물이 있어요? – 강아지, 고양이, 호랑이, 표범.

5) 짝을 이루어 한 사람은 모둠을 말하고, 한 사람은 연필로 표시하도록 한다.
  학1 남자끼리 모둠을 만들어 보세요.
  학2 네, 알겠습니다. 이렇게 하면 돼요?
  ※ 유의점: '끼리'는 같은 부류끼리 묶이는 것이고, '대로'는 앞의 것에 따라가는 의미라는 것을 예를 들어 비교하며 설명한다.
  예 친구끼리, 여자끼리
    번호대로, 순서대로

6) 익힘책 34~35쪽을 풀게 한다.
  ※ 유의점: 이때 '끼리'의 의미는 '같은 것끼리 함께'이고, '대로'의 의미는 '앞의 것을 따라'의 의미인 것을 이해할 수 있도록 다시 한번 설명한다.

④ 적용 – 7분

1) 학생들이 서로 돌아다니며 3번 질문을 하고 대답하게 한다.

2) 한 사람에게 카드를 하나씩 준다.

> 친한 친구 이름이 뭐예요?

> 누구와 모둠을 하고 싶어요?

> 어떻게 모둠을 만들고 싶어요?

> 모둠 친구들하고 뭐 하고 싶어요?

3) 카드를 보면서 질문하고 대답하게 한다.
  학1 친한 친구 이름이 뭐예요?
  학2 요우타하고 저밍이에요.

4) 질문을 다 했으면 다른 사람을 만나 다시 활동을 진행한다.

⑤ 정리 – 3분

1) 학생들이 원하는 모둠 형태를 한 사람씩 발표하도록 한다.

2) 차시 예고를 한다.

· 주요 학습 내용

> 어휘
> 질서를 지키다, 청소를 하다, 체험 학습 보고서, 열심히, 개인행동
> 준비물
> 듣기 자료

· 학습 목표

· 체험 학습에서 지켜야 하는 안전 규칙을 이해하고 이에 대해 결심하는 형태로 표현할 수 있다.

1 도입 – 3분

1) 학생들에게 체험 학습에 가서 지켜야 하는 안전 규칙에 대해 질문을 한다.
   > 🔵 체험 학습에 가서 어떻게 해야 해요?
   > 도시락을 먹기 전에 뭘 해야 해요?

2) 학생들의 대답을 정리하면서 '질서를 지키다, 뛰다, 손을 씻다'와 같은 표현을 끌어낸다.

2 제시, 설명 – 14분

1) 교재 1번 문제를 읽는다.
   > 🔵 체험 학습에서 학생들이 어떻게 해야 하는지 알아봅시다.

2) 그림을 보면서 낱말과 표현을 설명한다.
   > 🔵 1번 그림을 보세요. 이 친구들이 부딪혀서 넘어졌어요. 질서를 지켰어요? 지키지 않았어요?

3) 그림과 적당한 표현을 연결하도록 한다.

4) 선생님과 학생들의 대화를 듣는다.

> 듣기 자료 🔊 9
>
> 선생님: 여러분, 내일 체험 학습을 갑니다. 가서 어떻게 해야 해요?
> 학생들: 선생님 말씀을 잘 들어야 해요!
> 선생님: 맞아요, 개인행동을 하면 안 돼요. 그리고 질서도 잘 지켜야 합니다.
> 학생들: 네, 질서를 잘 지키겠습니다.
> 선생님: 내일 필기도구를 가지고 오세요. 보고서를 쓸 거예요.
> 학생들: 네, 알겠습니다.

5) 대화를 들은 뒤 따라 하게 한다.

   ※ 유의점: 듣기 자료를 들을 때 하나씩 듣고 멈추면서 학생들이 따라 할 수 있는 시간을 준다

---

3 안전 교육

1. 체험 학습에서 학생들이 어떻게 해야 하는지 알아봅시다.

1) 학생들의 행동을 잘 설명한 글을 〈보기〉에서 고르세요.

① 마 ② ☐ ③ ☐

④ ☐ ⑤ ☐ ⑥ ☐

> 〈보기〉
> ㉮ 개인행동을 하다 　　　㉱ 체험 학습 장소에서 뛰다
> ㉯ 식사 전에 손을 씻지 않다 　㉲ 질서를 지키지 않다
> ㉰ 밥을 먹은 다음에 청소를 하지 않다 　㉳ 체험 학습 보고서를 열심히 쓰다

2) 선생님과 학생들의 대화를 듣고 따라 하세요. 🔊 9

어휘 지식	
질서를 지키다 [질써를 지키다]	많은 사람들이 모인 곳에서 혼란스럽지 않도록 지키는 순서나 차례를 어기지 않고 잘 따르다. 🔵 체육 수업을 할 때는 질서를 지켜야 한다. 사람들은 질서를 지켜 차례차례 앉았다.
청소를 하다	더럽거나 어지러운 것을 쓸고 닦아서 깨끗하게 하다. 🔵 방을 깨끗하게 청소했다. 친구들과 같이 교실을 청소했다.
체험 학습 보고서	체험 학습을 한 다음에 보고 들은 내용이나 결과를 알리는 글. 🔵 이 종이에 체험 학습 보고서를 써서 내일 내세요. 체험 학습 보고서에 사진을 붙이거나 그림을 그려도 돼요.
열심히	어떤 일에 온 정성을 다하여. 🔵 선생님, 6학년 때는 열심히 공부하겠습니다. 그녀가 성공할 수 있었던 것은 그만큼 열심히 노력을 했기 때문이다.
개인행동	개인이 단체에서 떨어져 나와 혼자서 하는 행동. 🔵 체험 학습을 가서는 개인행동을 하지 말아야 한다. 훈련 중인 운동선수들은 개인행동을 할 수 없다.

2. 그림을 보면서 결심하는 말을 해 봅시다.

> 개인행동을 하다 ➡ 개인행동을 하지 않겠습니다.

3. '결심 말하기' 놀이를 해 봅시다.

〈놀이 방법〉

개인행동을
하지 않겠습니다!

① 선생님이 보여 주시는 카드를 보고 결심을 말합니다.
② 정확하고 빨리 대답한 학생이 상을 받습니다.

1) 개인행동을 하지 ○○○○○.

2) 식사 전에 손을 ○○○○○.

3) 밥을 먹은 다음에 ○○○ ○○○○○.

4) 체험 학습 장소에서 뛰지 ○○○○○.

5) 질서를 잘 ○○○○○○.

6) 체험 학습 보고서를 열심히 ○○○○○.

3. 체험 학습 • 59

59

1) '결심 말하기' 놀이를 한다.

2) 교재와 같이 용언 부분을 ○○○○로 표시한 카드를
보여 주고 학생들이 외워서 맞추도록 한다. 학생들끼
리 놀이를 하도록 해도 좋다.

개인행동을 하지 ○○○○○.	"개인행동을 하지 않겠습니다."
식사 전에 손을 ○○○○○.	"식사 전에 손을 씻겠습니다."
밥을 먹은 다음에 ○○○ ○○○○○.	"밥을 먹은 다음에 청소를 하겠습니다."
체험 학습 장소에서 뛰지 ○○○○○.	"체험 학습 장소에서 뛰지 않겠습니다."
질서를 잘 ○○○○○○.	"질서를 잘 지키겠습니다."
체험 학습 보고서를 ○○○ ○○○○○.	"체험 학습 보고서를 열심히 쓰겠습니다."

3) 정확하게 빨리 대답한 학생에게 칭찬을 하거나 상을
수여한다.

※ 다른 활동: 'ㄱㅇㅎㄷㅇ ㅎㅈ ㅇㄱㅅㄴㄷ'와 같이 초성만을
제시한 뒤 문장을 말하게 할 수도 있다.

1) 놀이를 한 다음에 익힘책 37쪽을 풀게 한다. '-겠습니
다'를 사용해서 자신의 결심을 정확하게 표현할 수 있
는지 확인한다.

2) 학생들의 결심을 한 명씩 말해 보도록 한다.

👩‍🏫 결심을 말해 보세요. → 🧑‍🎓 공부를 열심히 하겠습니다.

3) 학교와 집에서 지켜야 하는 결심을 말해 보도록 한다.

🧑‍🎓 매일 줄넘기를 하겠습니다.

1) 58쪽 그림을 보면서 결심하는 말을 해 보도록 한다.

👩‍🏫 체험 학습 상소에서 질서를 지켜야 해요.
여러분은 이렇게 말할 수 있어요.
체험 학습 장소에서 질서를 잘 지키겠습니다.

2) ①번부터 ⑥번까지 짝과 연습한다.

3) 한 명씩 말해 보도록 한다.

4) 익힘책 36쪽을 풀게 한다.

※ 유의점: 학생들이 푼 다음에 표현을 익힐 수 있도록 칠판에
써 준다. 3차시에서는 '질서를 지키다'와 같이 중요한 표현
이 많이 나오므로 낱말 수첩에 적고 반복해서 익히도록 지도
한다.
2번 문제의 경우에 글씨를 또박또박 쓰고 있는지 반드시 확
인하도록 한다. 학생이 스스로 칠판에 나와서 써 보도록 하
고, 학생이 쓴 것을 스스로 읽어 보도록 하는 것도 좋다.

4차시 체험 학습 보고서

· 주요 학습 내용

> 어휘
> 과학관, 태풍, 망원경, 태양, 무섭다, 귀엽다,
> 신나다, 관찰하다, 신기하다
>
> 준비물
> 〈부록〉 붙임 딱지

· 학습 목표

· 체험 학습 보고서를 읽고 이해할 수 있다. 그리고 감정을 묘사하는 표현을 이해하고 사용할 수 있다.

1 도입 – 3분

1) 학생들에게 체험 학습 보고서에 대한 도입 질문을 한다.

> 🔊 체험 학습에 갈 때 보고서를 써요? 안 써요?
>
> 쓴 적이 있어요? 언제 썼어요?
>
> 체험 학습 보고서에 사진을 붙였어요? 그림을 그렸어요?

2) 학생들의 대답을 정리하면서 '사진, 그림, 표'와 같은 낱말을 끌어낸다.

3) 오늘은 4학년 김서영의 체험 학습 보고서를 읽을 것이라고 공지한다. 그리고 이 수업에 열심히 참여하면 체험 학습 보고서를 쓸 때 도움이 될 수 있다고 설명한다.

2 제시, 설명 – 15분

1) 교재 1번 문제를 읽는다.

> 🔊 체험 학습 보고서를 읽어 봅시다.

2) 먼저 학생 스스로 글을 읽게 한다. 글을 읽으면서 모르는 낱말을 체크하게 한다.

3) 교사와 함께 글을 읽는다.

4) 낱말을 설명한다. '태풍'은 회오리와 같은 그림을 같이 제시하여 이해를 돕는다.

5) 글의 내용에 대해 질문하면서 학생들의 이해를 확인한다.

> 🔊 서영이는 과학관에서 무엇을 했어요?
>
> 🔊 어떤 느낌이 들었어요?

어휘 지식

과학관 [과학꽌]	여러 사람이 구경하고 배울 수 있게 과학에 관한 여러 가지 물건을 전시해 놓은 곳. 📖 과천에 어린이들을 위한 어린이 과학관이 있다. 어제는 선생님과 과학관에 가서 여러 가지 암석과 공룡의 화석을 보았다.
태풍	주로 7~9월에 태평양에서 한국, 일본 등 아시아 대륙 동부로 불어오는, 거센 폭풍우를 동반한 바람. 📖 남해안에 태풍이 오면서 거센 바람과 함께 큰 파도가 몰려왔다. 이번 주는 태풍의 영향으로 계속 비가 내릴 예정입니다.

4 체험 학습 보고서

1. 체험 학습 보고서를 읽어 봅시다.

체험 학습 보고서

4학년 2반 이름 김서영

1. 장소: ○○ 과학관
2. 날짜: 5월 17일 (금요일) 09:00~14:00
3. 체험 내용: 글, 사진, 그림, 표 등

태풍 체험을 했다.

로봇 춤을 구경했다.

자동차 체험을 했다.

망원경으로 태양을 관찰했다.

4. 알게 된 사실: 태풍이 정말 셌다. 태양은 지구에서 가장 가까운 별이다.
5. 느낀 점: 태풍이 너무 세서 무서웠다. 로봇은 작고 귀여웠다. 자동차 체험을 했는데 아주 재미있고 신났다. 망원경으로 태양을 관찰했다. 정말 신기했다.

1) 서영이는 과학관에서 무엇을 했어요?
2) 어떤 느낌이 들었어요?

60 · 의사소통 한국어 3

60

망원경	멀리 있는 물체를 크고 분명하게 볼 수 있도록 만든 기구. 📖 하늘에 있는 해와 달, 별을 보려고 망원경을 샀다. 배의 선장이 망원경으로 바다 주위를 살피고 있다.
태양	태양계의 중심에 있으며 온도가 매우 높고 스스로 빛을 내는 항성. 📖 일년 동안 지구는 태양 주위를 한 바퀴 돈다. 우리는 새해 아침에 떠오르는 태양을 보며 소원을 빌었다.
무섭다 [무섭따]	어떤 대상이 꺼려지거나 무슨 일이 일어날까 두렵다. 📖 아이는 혼자 자는 게 무서워서 항상 부모님과 함께 잤다. 놀이공원에서 무서운 놀이 기구를 타는 것은 너무 무섭다.
귀엽다 [귀엽따]	보기에 예쁘거나 사랑스럽다. 📖 새끼 강아지와 고양이는 정말 귀엽다. 아기가 이유식을 먹으며 입을 오물거리는 모습이 정말 귀여웠다.
신나다	어떤 일에 흥미나 열성이 생겨 기분이 매우 좋아지다. 📖 말을 타고 달리니 정말 신났다. 친구들과 놀이공원에 가서 신나게 놀았다.

50 ❖ 의사소통 한국어 교사용 지도서 3

과학관, 태풍, 망원경,
태양, 무섭다, 귀엽다,
신나다, 관찰하다, 신기하다

2. 서영이의 느낌이 어떤지 읽고 붙임 딱지를 붙여 봅시다. 붙임 딱지

[붙임 딱지]	[붙임 딱지]
과학관에서 태풍 체험을 했어요. 태풍이 너무 세서 무서웠어요.	로봇들이 신나는 음악과 함께 춤을 추었어요. 로봇이 작고 귀여웠어요.

야호!

[붙임 딱지]	[붙임 딱지]
과학관에서 자동차 체험을 했어요. 아주 재미있고 신났어요.	망원경으로 태양을 관찰했어요. 아주 신기했어요.

3. 여러분이 가 본 장소에 대해 이야기해 봅시다.

1) 어디에 가 봤어요?   2) 가서 무엇을 했어요?   3) 느낌이 어땠어요?

놀이공원   공원   미술관

식물원   과학관   박물관

3. 체험 학습 • 61

61

관찰하다	사물이나 현상을 주의 깊게 자세히 살펴보다. 예 현미경으로 세균의 모습을 관찰했다. 승규는 방학 숙제로 콩나물이 자라는 과정을 관찰하고 기록했다.
신기하다	처음 보는 것이어서 새롭고 이상하다. 예 현미경으로 태양을 관찰했는데 정말 신기했다. 이 돌은 정말 신기하게 생겼다. 처음 보는 모양이다.

③ 연습 - 10분

1) 서영이의 느낌이 어떨지 생각하면서 다시 한번 읽어 보게 한다.

2) '무섭다, 귀엽다, 재미있다, 신나다, 신기하다'와 같은 낱말에 초점을 두면서 글을 읽는다.

3) 붙임 딱지에서 적당한 그림을 골라 붙인다.

- 과학관에서 태풍 체험을 했어요.
  태풍이 너무 세서 무서웠어요.
- 로봇들이 신나는 음악과 함께 춤을 추었어요.

로봇이 작고 귀여웠어요.
- 과학관에서 자동차 체험을 했어요.
  아주 재미있고 신났어요.
- 망원경으로 태양을 관찰했어요.
  아주 신기했어요.

4) 학생들에게 질문하고 대답하게 한다.
   선 여러분은 뭐가 무서워요?
   여러분은 뭐가 귀여워요?

5) 익힘책 38쪽을 풀게 한다.
   ※ 유의점: 교재를 풀면서 학생들이 낱말의 의미를 모두 이해했는지 확인한다.
   익힘책 4차시에서는 학생들이 익히기 어려운 감정 어휘를 익힌다. 특히 '신나다'와 '재미있다', '신나다'와 '신기하다' 등이 헷갈릴 수 있으므로 다양한 예를 들어 설명해 주어야 한다. '놀이공원에 갔을 때, 여행을 갔을 때'와 같은 예를 드는 것은 물론이고, 교사는 얼굴 표정과 몸짓으로 신난다는 의미를 표현해 주어야 한다. '처음 보는 것을 새롭고 이상하게 생각하는 것'이라는 '신기하다'의 의미도 '아주 큰 배', '처음 가 본 장소'와 같이 다양한 예를 들어 설명해 주어야 한다.

④ 적용 - 10분

1) 교재에 나온 질문을 한다.
   선 여러분이 가 본 장소에 대해 이야기해 봅시다.
   선 어디에 가 봤어요? 가서 무엇을 했어요? 느낌이 어땠어요?

2) 학생 인원이 많으면 가고 싶은 장소 선호도 조사를 하는 것도 좋다.
   ※ 유의점: 다른 활동을 진행할 수도 있다. 학생들이 개인 또는 모둠별로 가고 싶은 장소를 정한 뒤 앞에 나와서 가고 싶은 이유에 대해 간단히 발표하도록 한다. 그다음에 다른 학생들이 장소를 선택하는 활동을 진행할 수도 있다. 진짜 체험 학습이나 야외 수업 장소를 정할 때 이 활동을 활용하는 것도 좋다.

⑤ 정리 -2분

1) 익힘책 39쪽을 풀게 한다.
   ※ 유의점: 2번 문제는 1차시부터 4차시에 걸쳐 나온 중요한 낱말과 표현을 찾아서 색칠하는 활동이다. 이 활동을 하면서 다시 한번 낱말을 익혀 습득할 수 있도록 한다.

2) 가장 가고 싶은 체험 학습 장소를 말해 보게 한다.

3) 차시 예고를 한다.

5 가정 통신문 읽기

1. 다니엘이 선생님께 받은 가정 통신문을 읽어 봅시다.

5학년 체험 학습 안내

안녕하십니까? 5학년 학생들이 체험 학습을 갑니다.

1. 날짜: 10월 15일 (금요일)
2. 장소: 식물원
3. 일정: 학교 출발(9:00) → 식물원 도착 및 오전 체험 → 점심 → 오후 체험 → 학교 도착(14:30 예정)
4. 준비물: 점심 도시락, 간식, 물

9월 25일
나래초등학교장

1) 다니엘은 어디에 가요?

2) 5학년 학생들은 체험 학습을 끝내고 언제 학교에 와요?

3) 다니엘은 무엇을 가지고 가야 해요?

2. 다니엘 엄마의 질문과 다니엘의 대답을 연결하고 읽어 봅시다.

어디에 가니?	●	●	식물원에 가요.
언제 가니?	●	●	2시 30분에 와요.
갔다가 언제 오니?	●	●	10월 15일 금요일에 가요.
준비물은 뭐니?	●	●	도시락, 간식, 물이에요.

3. 가정 통신문을 읽고 대화를 들어 봅시다.

1) 유키와 엄마의 대화를 잘 들어 보세요. 🔊 10

2) 가정 통신문 내용이 잘못된 것을 두 가지 찾아보세요.

6학년 체험 학습 안내

안녕하십니까? 6학년 학생들이 체험 학습을 갑니다.

1. 날짜: ❶ 10월 19일 (화요일)
2. 장소: ❷ 역사 박물관
3. 체험 활동: 역사 박물관 구경하기, 역사 지도 만들기
4. 준비물: ❸ 필기도구, 간식, 물 (도시락은 필요 없음.)
5. 일정: ❹ 학교 출발(9:00) → 역사 박물관 도착 및 오전 체험 → 점심 → 오후 체험 → 학교 도착(14:30 예정)
※ ❺ 학생들은 9시까지 학교 운동장으로 올 것

10월 10일
나래초등학교장

5차시 가정 통신문 읽기

• 학습 목표
• 체험 학습에 대한 가정 통신문을 읽고 전달할 수 있다.

1 도입 – 2분

1) 체험 학습을 갈 때 가정 통신문을 받은 적이 있는지 물어본다.

2) 가정 통신문에 어떤 내용이 있었는지 물어보면서 '날짜, 장소, 준비물'과 같은 낱말을 복습한다.
   🔷 가정 통신문에 어떤 내용이 있어요?

2 제시, 설명 – 10분

1) 교재에 나온 1번 질문을 한다.
   🔷 다니엘이 선생님께 받은 가정 통신문을 읽어 봅시다.

2) '식물원, 도착, 간식'과 같은 새 낱말을 그림과 예를 들어 설명한다.

3) 질문을 하고 학생들의 대답을 듣는다.
   🔷 다니엘은 어디에 가요?
      체험 학습을 끝내고 언제 학교에 와요?
      다니엘은 무엇을 가지고 가야 해요?

3 연습 – 10분

1) 교재에 나온 2번 질문을 한다.
   🔷 다니엘 엄마의 질문과 다니엘의 대답을 연결하고 읽어 봅시다.

2) 선생님과 학생, 학생과 학생, 다른 학생 식으로 짝을 바꾸어 묻고 대답하는 연습을 한다.

3) 칠판에 '어디, 언제, 갔다가, 준비물'과 같은 핵심어만 써 놓고 완벽한 문장으로 말해 보게 한다.

4 적용 –15분

1) 유키와 엄마의 대화(🔊 10)를 들려준다.

2) 가정 통신문 내용을 잘못 전달한 것을 찾도록 한다.

3) 다시 한번 들으면서 따라 하게 한다.

4) 가정 통신문을 보면서 대화와 같이 질문하고 대답하는 활동을 한다.

5 정리 – 3분

1) 학생 두 명씩 일어나서 가정 통신문을 가지고 묻고 대답하는 활동을 해 보게 한다.

2) 실제 가정 통신문이 있으면 그것을 활용할 수도 있다.

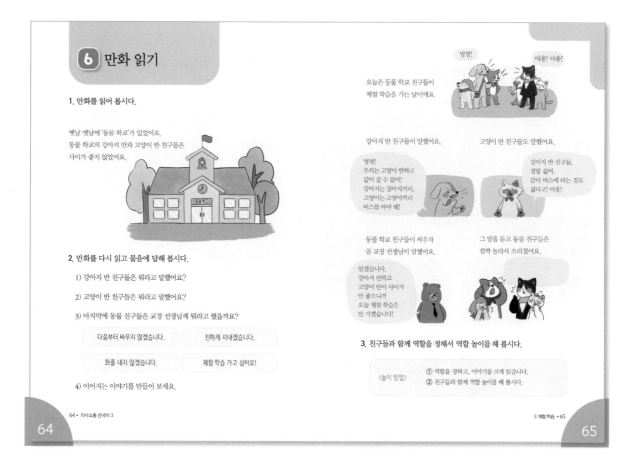

- **학습 목표**
- 만화를 읽고 내용을 이해할 수 있다. 만화의 내용을 활용하여 역할 놀이를 할 수 있다.

1 도입 – 3분

1) 만화의 주인공과 내용에 대해 간단히 도입한다.

🔴 여러분은 모두 '학교'에 다녀요. 오늘 동물 학교에 다니는 친구들 이야기를 읽을 거예요. 강아지와 고양이가 동물 학교에 다녀요.

2) 읽을 때 집중할 수 있도록 질문을 던진다.

🔴 강아지 반과 고양이 반 친구들이 같이 체험 학습을 갈 거예요. 강아지 반과 고양이 반 친구들은 사이가 좋을까요? 나쁠까요? 한번 읽어 보세요

2 제시, 연습 – 20분

1) 교사와 함께 만화를 읽는다. 친구와 같이 읽는 것도 좋다.

2) '사이가 (안) 좋다', '싸우다', '싫다', '깜짝 놀라다'와 같은 낱말은 교사가 따로 필기하고 설명한다.

3) 만화를 읽고 2번 물음에 답하도록 한다.

🔴 강아지 반 친구들은 뭐라고 말했어요?

🔴 고양이 반 친구들은 뭐라고 말했어요?

4) 마지막에 동물 친구들이 한 말을 추측해서 말해 보도록 한다.

5) 그다음에 이어지는 이야기를 해 보도록 한다. 학생들이 잘 이야기하지 못하면 먼저 모둠별로 이야기하게 한 뒤 발표하는 형식을 취하는 것이 좋다.

🔴 그 말을 듣고 동물 친구들은 깜짝 놀라서 소리쳤어요. "잘 못했어요. 다음부터 싸우지 않겠습니다." 교장 선생님이 "알겠습니다."라고 말씀하셔서 강아지, 고양이 친구들은 체험 학습을 갔어요. 거기에서 친구들하고 도시락을 먹었어요. 고양이가 '생선'을 먹었어요. 그것을 보고 강아지가 뭐라고 했을까요?

6) 모둠별로 이야기를 끝까지 만들어 보게 한다.

3 적용 – 14분

1) 친구들과 역할을 정해서 3번 역할 놀이를 하도록 한다.

2) 먼저 큰 소리로 이야기를 읽도록 한다.

3) 끝까지 만든 이야기를 가지고 역할을 나누어 연극을 해 보도록 한다.

4 정리 – 3분

1) 가장 재미있는 내용을 발표한 모둠을 정하고 칭찬한다.

2) 재미있다고 생각한 이유를 발표하게 한다.

7 전통문화 체험하기

1. 남산골한옥마을에서 어떤 전통문화를 체험할 수 있는지 살펴봅시다.

① 한복 입기 체험   ② 활 만들기 체험   ③ 전통차 마시기 체험

④ 매 사냥 체험   ⑤ 떡 만들기 체험   ⑥ 전통문화 체험

나는 활 만들기 체험을 제일 해 보고 싶어.
우리나라에서 활을 쏜 적이 있는데
정말 재미있었어.

2. 체험 내용을 읽고 알맞은 활동을 찾아서 번호를 써 봅시다.

1) 한복을 입고 절하는 방법을 배워요.   (   )

2) 한국의 전통차를 마시고 예절을 배워요.   (   )

3) 활을 만들고 쏘는 방법을 배워요.   (   )

4) 한국의 떡을 만드는 방법을 배워요.   (   )

5) 한국의 전통문화를 배워요.   (   )

6) 선생님하고 같이 한국의 매로 사냥하는 방법을 배워요.   (   )

3. 여러분은 어떤 체험을 제일 하고 싶어요? 왜 하고 싶어요? 친구들과 이야기해 봅시다.

4. 한국 전통문화 체험을 해 봅시다.

예) 전통차 마시기, 서예를 해 보기

7차시 전통문화 체험하기

· **학습 목표**
· 한국의 전통문화를 이해한 뒤 선호하는 문화 체험을 말하고 실행할 수 있다.

1 도입 – 8분

1) 한국의 전통문화 체험에는 어떤 것이 있는지, 해 본 적이 있는지 물어본다.
   🔴 한국의 전통 옷이 뭐예요? 이 옷을 입어 본 적이 있어요?
   🔴 한국의 전통 집 '한옥'에 가 본 적 있어요?

2) 가능하면 한국의 전통문화에 대한 사진이나 영상을 보여 준다.

3) 서울에서 전통문화를 체험할 수 있는 '남산골 한옥마을'에 대해 설명한다.
   🔴 서울에서 한옥과 전통문화를 체험할 수 있는 곳이 있어요. '남산골 한옥마을'이에요.

4) 남산골 한옥마을의 위치를 설명한다.
   – 지하철 3, 4호선 충무로역

5) 홈페이지를 참고하여 설명하면 좋다.
   ※ https://www.hanokmaeul.or.kr/

2 제시, 연습 – 15분

1) 교재의 1번 사진을 보면서 질문을 한다.
   🔴 남산골 한옥마을에서 어떤 전통문화를 체험할 수 있는지 살펴봅시다.

2) 그림을 보면서 '한복, 활, 차, 매, 사냥, 떡, 전통문화' 단어를 설명한다.
   🔴 선생님이 뭐 하고 있어요? 아이들에게 전통문화를 쉽게 설명하고 있어요.

3) 교재의 2번 질문을 함께 풀어 본다.

4) 학생들과 함께 원하는 전통문화 체험에 대해 이야기한다. 이야기할 때는 이유까지 들어서 길게 이야기할 수 있도록 이끈다.

3 적용 – 15분

1) 교실에서 간단하게 할 수 있는 문화 체험을 해 본다.
   🔵 전통차 마시기, 서예 해 보기 등.

2) 전통차는 간단히 티백 차를 마시는 것으로, 서예는 붓펜을 사용하여 자기 이름이나 간단한 편지, 좋은 문장을 쓰는 활동으로 대체할 수 있다.

4 정리 – 2분

1) 한국 문화 체험을 한 소감에 대해 이야기해 본다.

8 생각 넓히기

1. 불이 났을 때 어떻게 행동해야 하는지 읽어 봅시다.

1) 화재경보기를 누릅니다.

2) 빨리 119에 신고합니다.

3) 할 수 있으면 소화기로 불을 끕니다.

4) 불이 없는 계단으로 빨리 피합니다.

5) 피할 때는 자세를 낮게 하고 젖은 수건이나 옷으로 입과 코를 막습니다.

6) 엘리베이터는 위험하니까 타지 않습니다.

2. 설명이 그림과 맞으면 ○, 틀리면 × 표시를 해 봅시다.

1) 불이 나면 112에 신고해야 합니다. (   )

2) 불이 나면 불이 없는 계단으로 피해야 합니다. (   )

3) 피할 때는 입과 코를 막아야 합니다. (   )

4) 불이 나면 엘리베이터를 타야 합니다. (   )

3. 선생님과 함께 화재 대피 연습을 해 봅시다.

1) 학교에서 다음을 찾아보세요.

화재경보기 (   )   소화기 (   )   계단 (   )

2) 줄을 서서 계단으로 내려가는 연습을 해 보세요.

3) 자세를 낮게 하고 입과 코를 막고 내려가는 연습을 해 보세요.

8차시 생각 넓히기

· 학습 목표
- 화재 대피 방법을 이해한 뒤 적절하게 실행할 수 있다.

1 도입 – 5분

1) 화재 경험에 대해 물어본다.
   - 🔵 불이 난 것을 본 적이 있어요?

2) 불이 났을 때 어떻게 해야 하는지 물어본다.
   - 🔵 불이 났을 때 어떻게 해야 해요?
     어디에 전화해요?

3) 도입을 하면서 '화재경보기, 119, 소화기, 계단' 등의 낱말을 제시한다.

2 제시, 연습 – 15분

1) 교재에 나온 1번 도입 질문을 한다.
   - 🔵 불이 났을 때 어떻게 행동해야 하는지 읽어 봅시다.

2) 친구들과 같이 그림을 보면서 글을 읽도록 한다.

3) 그림과 글을 같이 보면서 다음 낱말을 칠판에 정리한다.
   - 화재경보기, 119, 소화기, 계단, 피하다, 자세를 낮게 하다, 젖은 수건 등.

※ 유의점: '피하다, 자세를 낮게 하다' 등을 설명할 때는 학생들과 같이 행동으로 직접 해 보면서 낱말을 익히도록 한다.

4) 학생들이 큰 소리로 읽도록 한다.

5) 교재의 2번 문제를 풀어 본다.
   - 🔵 설명이 그림과 맞으면 ○, 틀리면 × 표시를 해 봅시다.

3 적용 – 15분

1) 선생님과 함께 화재 대피 연습을 해 본다.

2) 교실과 복도, 엘리베이터 등을 다니면서 화재경보기, 소화기, 계단 등을 찾는다.

3) 선생님의 지시에 따라 화재 대피 연습을 한다.
   - 🟠 불이 없는 계단으로 내려가세요.
     자세를 낮게 하고 계단을 내려가세요.
     엘리베이터는 타지 마세요.
     젖은 수건이나 옷으로 입을 막으세요.

4 정리 – 5분

1) 학생들과 함께 화재 대피 방법과 순서를 정리해 본다.

2) 중요한 내용을 다시 한번 강조한다.

4단원 • 숙제

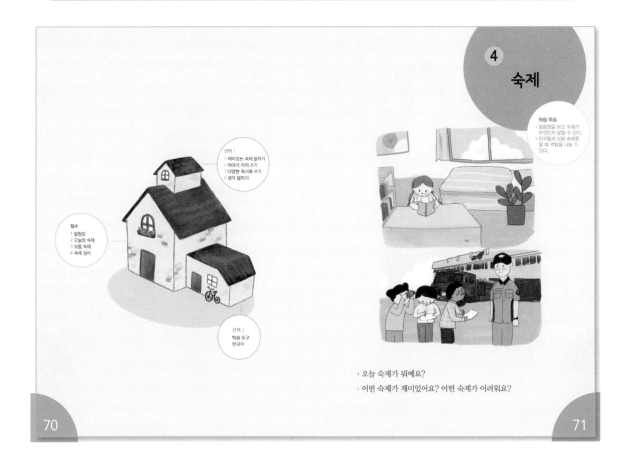

● 단원의 개관

이 단원의 목표는 학생들이 알림장을 보고 숙제가 무엇인지 알고 말할 수 있으며, 모둠 숙제를 친구들과 역할을 나누어 할 수 있는 것이다. 알림장 관련 어휘를 익혀 숙제를 설명할 수 있고, 모둠 숙제에서 역할을 나누는 표현을 배운다. 또한 양보를 나타내는 '-어도'와 '-는 동안에', 인용을 나타내는 '-냐고 하다', '-자고 하다'도 익힌다.

학습 목표	• 알림장을 보고 숙제가 무엇인지 말할 수 있다. • 친구들과 모둠 숙제를 할 때 역할을 나눌 수 있다.						
주제	장면		기능	문법	어휘	문화	담화 유형
	일상생활	학교생활					
숙제	알림장	모둠 숙제	숙제 설명하기 역할 조정하기	-어도 -는 동안에 -냐고 하다 -자고 하다	숙제 관련 어휘	한국의 숙제 종류	대화 알림장 독서록
	오늘의 숙제	독후감 숙제					

● 차시 전개 과정

차시	차시 제목	성격	학습 내용	교재 쪽수	익힘책 쪽수
1	알림장	필수	• 알림장을 보고 숙제를 설명할 수 있다.	72	42
2	오늘의 숙제	필수	• '-어도'를 사용하여 힘든 상황에도 해야 하는 일을 말할 수 있다.	74	44
3	모둠 숙제	필수	• '-는 동안에'를 사용하여 모둠 숙제의 역할 나누는 방법을 나타내는 표현을 말할 수 있다.	76	46
4	숙제 검사	필수	• '-냐고 하다', '-자고 하다'를 사용하여 다른 사람의 말을 전하는 표현을 말할 수 있다.	78	48
5	재미있는 숙제 말하기	선택	• 재미있는 숙제를 읽고, 여러 가지 숙제를 만들어 쓰고 말할 수 있다.	80	-
6	이야기 이어 쓰기	선택	• 이야기를 읽고 뒤에 이어질 이야기를 쓸 수 있다.	82	-
7	다양한 독서록 쓰기	선택	• 다양한 독서록을 읽고 독서록을 쓸 수 있다.	84	-
8	생각 넓히기	선택	• 숙제의 종류를 알고 기준에 맞게 분류하여 말할 수 있다.	86	-

● 단원 지도상의 유의점

◆ 학생들이 학교생활을 하면서 실질적으로 접하는 숙제와 관련된 단원이므로 실제 학교에서 사용하는 어휘들을 다루려고 했으나, 이것이 사전에 등재된 어휘가 아닌 경우도 있다. 따라서 학생들이 각 교실에서 어떤 어휘를 사용하고 있는지 확인하여 교재의 내용과 다르다면 변형하여 수업해야 한다.

◆ 숙제의 종류는 학급마다 다를 수 있으므로 교재에 제시된 숙제의 예를 자세히 아는 것이 중요한 것이 아니다. 대신에 숙제를 해야 하는 다양한 상황을 이해하고 목표 어휘와 문법을 말할 수 있도록 하는 데 중점을 두어야 한다.

◆ 어휘나 표현에 대한 지식은 '어휘 지식'으로, 체언이나 용언에 결합하는 조사나 문형은 '문법 지식'으로 구분하여 제시한다.

- **주요 학습 내용**

어휘
숙제(숙), 수학 익힘책(수익), 가정 통신문(가통),
급식, 준비물(준)

- **학습 목표**
- 알림장을 보고 숙제를 설명할 수 있다.

1 도입 – 3분

1) 71쪽 그림을 보고 간단한 질문과 설명을 한다.
   📱 숙제를 해 본 적이 있어요?
   그림의 친구들은 어떤 숙제를 하고 있어요?

2) 71쪽 교재에 나온 도입 질문을 한다.
   📱 오늘 숙제가 뭐예요?
   여러분은 어떤 숙제가 재미있어요?
   어떤 숙제가 어려워요?

3) 이번 단원을 배우면 알림장과 숙제에 대한 낱말을 말
   할 수 있고, 숙제가 무엇인지, 모둠 숙제는 역할을 어떻
   게 나누어서 할 수 있는지 말할 수 있다고 설명한다.

4) 72쪽 알림장을 보면서 오늘 배울 내용을 안내한다.
   📱 여러분은 매일 알림장을 쓰지요?
   알림장에는 어떤 내용이 들어가요?
   📱 알림장에는 숙제, 준비물, 알리는 내용 등이 들어가지요.
   오늘은 알림장을 보고 숙제를 설명해 보도록 할게요.

2 제시, 설명 – 15분

어휘 지식

숙제 [숙쩨]	학생들에게 복습이나 예습을 위하여 수업 후에 하도록 내 주는 과제. 📝 수업 시간에 다 못 푼 문제를 숙제로 내 주셨다. 오늘은 숙제가 많아.
가정 통신문	학교에서 학부모에게 학교생활에 관한 소식이나 정보 등을 알리기 위해 보내는 문서. 📝 가정 통신문을 보내다. 가정 통신문을 학생들에게 나누어 주다.
급식 [급씩]	기관에서 일정한 대상에게 식사를 주는 것. 또는 그 식사. 📝 빨리 급식 시간이 됐으면 좋겠어. 급식을 먹으니 도시락은 필요 없어요.
준비물	미리 마련하여 갖추어 놓은 물건. 📝 문방구에서 준비물을 사다. 준비물을 안 가지고 와서 선생님께 혼났다.

1) 1번의 알림장을 함께 읽고, 각 번호를 읽으면서 설명
   한다.
   📱 여러분이 매일 쓰는 알림장도 이런 모습인가요?

1 알림장

1. 알림장을 읽어 봅시다.

20○○년 10월 21일 (월)	선생님 확인	부모님 확인

1. 복도에서 뛰지 않아요.

2. 숙제 1: 수익 24쪽 풀기

3. 숙제 2: 책 읽기 30분

4. 가정 통신문: 11월 급식 안내

5. 준비물: 줄넘기

1) 알림장을 읽고 숙제를 찾아보세요.

오늘의 알림장을 같이 읽어 볼까요?
선생님을 따라 읽어 보세요.
📱 1번은 무엇인가요?
복도에서 뛰지 않아요.
지켜야 할 일을 적은 것이에요.
📱 2번은 무엇인가요?
숙1은 무엇일까요? 숙은 숙제를 줄여서 쓴 것이에요.
그러면 첫 번째 숙제를 말하는 거겠죠?
수익 24쪽 풀기는 무슨 뜻이에요?
수익은 수학 익힘을 줄여서 부르는 거예요.
📱 3번은 무엇인가요?
숙2는 두 번째 숙제라는 뜻이겠죠?
두 번째 숙제는 무엇인가요? 책 읽기 30분이에요.
📱 4번은 무엇인가요?
11월 급식을 안내하는 가정 통신문이에요.
가정 통신문을 줄여서 가통이라고 부르기도 해요.
📱 5번은 무엇인가요? 준비물은 줄넘기라고 해요. 준비물은
줄여서 준이라고 쓰기도 해요.

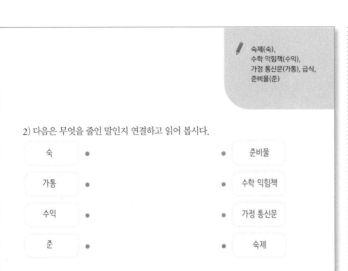

2) 다음은 무엇을 줄인 말인지 연결하고 읽어 봅시다.

숙 •	• 준비물
가통 •	• 수학 익힘책
수익 •	• 가정 통신문
준 •	• 숙제

2. 엠마와 엄마의 대화를 완성해 봅시다.

2000년 10월 30일 (수)	선생님 확인	부모님 확인
1. 숙 1: 국어 50~53쪽 읽기		
2. 숙 2: 일기 쓰기		
3. 가통 1개: 부모님 도장 받아 올 것		
4. 준: 리코더		

3. 여러분의 알림장을 보고 숙제를 설명해 봅시다.

오늘 숙제가 뭐니?

잠깐만요. 알림장을 볼게요.

_____ 랑
_____ 예요.

2) 알림장을 읽고 숙제를 찾아보도록 한다.

3) 알림장에 적힌 말들이 무엇을 줄인 말인지 다시 확인하고 연결해 보도록 한다.

※ 유의점
- '숙, 가통, 수익, 준'이라는 줄임말이 사전에 등재된 말이 아니라 교실에서 자주 쓰는 약속 같은 것들이므로 실제 학생들의 학교생활에 유용할 것이라고 판단하여 활동으로 제시했다. 그러나 교사에 따라서는 줄임말을 사용하지 않거나 조금씩 다를 수도 있으므로 해당 학생들의 알림장을 확인할 필요가 있다.
- 학생들이 쓰는 교재명도 줄여 쓰는 경우가 종종 있다. 따라서 교실에서 어떻게 부르는지 확인해 줄 필요가 있다. 교재에 제시된 수익의 경우, 수학 익힘책을 줄인 말이고, 실험 관찰은 실관으로 줄이기도 한다. 그리고 창의적 체험 활동은 창체라고 줄여 쓰기도 한다. 실제로 교실에서 어떻게 사용하는지 학생들에게 물어보고, 익숙해지도록 안내해 줄 수 있다.

③ 연습 – 10분

1) 2번의 알림장을 함께 읽고, 각 번호를 읽으면서 설명한다.
- 🔴 2번 알림장을 같이 읽어 볼까요? 선생님을 따라 읽어 보세요.
- 🔴 1번은 무엇인가요? 숙1은 무엇이에요?
  첫 번째 숙제예요. 국어 50쪽부터 53쪽까지 읽는 거예요.
- 🔴 2번은 무엇인가요? 숙2는 무엇이에요? 두 번째 숙제는 무엇이에요? 일기 쓰기예요. (1번 네 번째 그림을 가리키며) 오늘 있었던 일을 떠올리며 일기를 쓰고 있어요.
- 🔴 3번은 무엇이에요? 가통이 무엇이에요? 가정 통신문이 1개 있는데, 선생님이 또 뭐라고 적어 주셨어요? 부모님 확인을 받아 오라고 했어요.
- 🔴 4번은 무엇이에요? 준이 무엇이에요?
  준비물이 리코더예요. 리코더를 꼭 챙겨 가야 해요.

2) 대화를 읽고 숙제를 찾아본다.
- 🔴 엄마가 뭐라고 했어요? 따라 읽어 보세요. 엄마가 숙제를 물었어요.
- 🔴 엠마가 뭐라고 답했어요? 따라 읽어 보세요. 잠깐만요, 알림장을 볼게요.
- 🔴 함께 알림장을 다시 확인해 볼까요? 숙제는 무엇인가요? 빈칸에 써 보세요. 숙1과 숙2가 무엇인지 쓰면 됩니다.

※ 심화 보충: 1, 2번 알림장을 보고 선생님이 질문을 하거나 친구들과 짝을 지어 서로 질문을 해 보도록 한다.

🟠 21일에 준비물은 뭐예요? 30일에 가통은 몇 개예요?

④ 적용 – 10분

1) 실제 알림장을 가지고 숙제를 설명해 본다.
- 🔴 알림장을 가지고 왔어요? 어제 알림장을 펴서 숙제를 찾아보세요.

2) 숙제를 찾아 설명하도록 한다.

3) 짝과 서로 질문을 하고 답하도록 한다.
- 🔴 숙제가 뭐예요?

※ 유의점: 알림장에 적힌 숙제를 단순히 말하는 데에서 그치지 말고 그 숙제를 어떻게 하는 것인지 설명해 보도록 한다. 교사에 따라서 숙제의 스타일이 다를 수 있으므로 각각 알림장을 확인하여 다른 사례도 보여 준다.

※ 심화 보충: 직접 알림장 쓰기 활동을 해 본다. 자주 나오는 숙제를 생각해서 스스로 알림장의 내용을 구성해 보도록 한다.

⑤ 정리 – 2분

1) 배운 어휘로 알림장의 내용을 가리키며 설명해 보도록 한다.
- 🔴 (1번 혹은 2번의 알림장을 가리키며) 이건 뭐예요? 혹은 숙제는 뭐예요?

2) 익힘책 42~43쪽을 풀게 한다.

2차시 오늘의 숙제

· 주요 학습 내용

어휘
피곤하다, 혼나다, 아무리, 졸리다, 시간이 없다

문법 및 표현
-어도

준비물
문장 카드, 듣기 자료

· 학습 목표

· '-어도'를 사용하여 힘든 상황에도 해야 하는 일을 말할 수 있다.

1 도입 – 2분

1) 평소 자신의 생활을 돌아보면서 오늘 배울 내용을 안내한다.

🔲 여러분은 숙제를 매일 잘 해요? 하기 싫거나 하기 힘들었던 적은 없어요?

2 제시, 설명, 연습 – 15분

문법 지식

-어도

· 가정이나 양보의 뜻을 나타내는 어미. 앞선 행위나 상태와 관계없이 꼭 뒤의 일이 있음을 나타낸다.
🔲 철수는 키가 작아도 힘은 세다.
아무리 바빠도 아침밥은 꼭 먹는 것이 좋아요.
아무리 먹기 싫었어도 음식을 버리면 어떻게 해요?

	조건	형태	예시
①	ㅏ, ㅗ	-아도	닦아도, 옳아도, 얇아도
②	ㅏ, ㅗ 이외	-어도	싫어도, 죽어도, 먹었어도
③	하다	해도	운동해도, 사랑해도

어휘 지식

피곤하다	몸이나 마음이 지쳐서 힘들다. 🔲 몸이 피곤하다. 지치고 피곤하다.
혼나다	심하게 꾸지람을 듣거나 벌을 받다. 🔲 선생님께 혼나다. 동생과 싸운다고 아버지께 혼났다.
아무리	정도가 매우 심하게. 🔲 나는 아무리 바빠도 저녁 식사는 가족들과 같이 먹는다. 아무리 이야기를 해도 내 말을 듣지 않는다.

---

2 오늘의 숙제

1. 준서의 행동을 살펴봅시다.

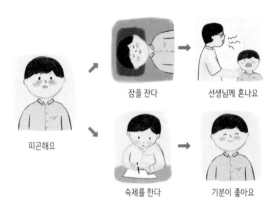

피곤해요　　잠을 잔다　　선생님께 혼나요

숙제를 한다　　기분이 좋아요

1) 준서가 피곤해서 숙제를 안 하고 자요. 어떻게 되었어요?

2) 준서가 피곤해도 숙제를 해요. 어떻게 되었어요?

3) 여러분이라면 어떻게 할 거예요?

나는 아무리 피곤해도 숙제를 할 거예요.
나는 아무리 졸려도 공부를 할 거예요.
나는 화가 나도 나쁜 말을 하지 않을 거예요.

74

졸리다	자고 싶은 느낌이 들다. 🔲 졸리고 피곤해. 성우는 졸린 눈을 비비며 공부했다.
시간이 없다	시간이 많지 않은 상태이다. 🔲 학교를 마치고도 학원 가느라 놀 시간이 없다. 오늘은 시간이 없으니까 내일 만나자.

1) 1번 그림을 가리키며 질문을 통해 어휘를 학습하게 한다.

🔲 준서의 행동을 살펴봅시다. 준서의 표정이 어때요? 피곤한 건 어떤 걸 말할까요? 어떨 때 피곤할까요? 잠을 잘 못 잤거나 낮에 운동장에서 실컷 뛰어놀았거나 시간이 늦었거나 이렇게 몸이나 마음이 지쳐서 힘든 걸 말해요. 준서가 지금 피곤해 보여요?

🔲 다음 그림은 뭘 하고 있어요? 잠을 잔다. 자고 있어요.

🔲 그래서 다음 그림에 어떻게 됐어요? 선생님께 혼나요. 혼나는 게 뭐예요? 잘못한 일에 대해 꾸지람을 듣거나 벌을 받는 거예요.

🔲 아래 그림은 뭘 하고 있어요? 숙제를 한다. 준서가 책상에 앉아 숙제를 하고 있어요.

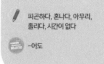

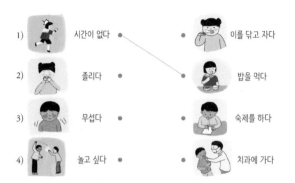

2. 잘 듣고 상황과 행동을 연결한 뒤 아래의 빈칸에 써 봅시다. 🔈 11

1) 시간이 없다 ● ──── ● 이를 닦고 자다

2) 졸리다 ● ● 밥을 먹다

3) 무섭다 ● ● 숙제를 하다

4) 놀고 싶다 ● ● 치과에 가다

1) 나는 아무리 시간이 없어도 밥을 먹을 거예요..

2) 나는 아무리 _____ 이를 닦고 잘 거예요.

3) 나는 _____ 치과에 갈 거예요.

4) 나는 _____ 숙제를 할 거예요.

3. 힘들어도 해야 하는 일을 말해 봅시다.

　아무리 힘들어도 내 방
　청소는 해야 해요.

🔵 그래서 다음 그림에서는 어떻게 됐어요? 기분이 좋아요. 선생님께 혼나지도 않고, 숙제를 해서 기분이 좋아요.

2) 1), 2) 문제를 읽으며 양보의 개념을 제시한다.

　🔵 1) 준서가 피곤해서 숙제를 안 하고 자요. (피곤하다, 잠을 자다 문장 키드를 나란히 붙여 주며 관계를 설명한다.) 피곤하니까 숙제를 안 하고 잤대요. 어떻게 되었어요? 선생님께 혼났어요.

3) 양보의 표현을 사용하여 문장을 만들어 본다.

　🔵 여러분이라면 어떻게 할 거예요? 함께 읽어 봅시다. 나는 아무리 피곤해도 숙제를 할 거예요. 아무리는 '피곤해도, 졸려도'와 자주 어울려 쓰는 말이에요. '피곤해도'라고 쓰는 것보다 '아무리 피곤해도'라고 쓰는 것이 훨씬 강조가 돼요. '아무리 피곤해도 숙제를 할 거예요.'는 피곤하지만 참고 숙제를 할 거라는 뜻이 되겠죠?

　🔵 나라면 어떻게 할지 생각해서 말해 보세요.

　※ 유의점: 학생들은 '숙제를 할 거예요, 잘 거예요'와 같이 단답형으로 답을 할 수 있다. 바로 양보를 포함한 문장을 만들기 어려우므로 먼저 3)에 제시된 예시를 따라 읽도록 한다. 그리고 칠판에는 '피곤하다, 잠을 잔다, 숙제를 한다, 선생님께

혼나다' 문장 카드를 붙여 놓고 이를 이용해 문장을 만들어 보도록 한다. 사용하는 어휘에 제한을 두지는 않되, 양보의 의미가 나타나도록 교사가 문장을 듣고 조정해 주도록 한다.

③ 제시, 연습 – 13분

1) 2번의 내용을 듣기 전에 의미가 어울리는 말들을 먼저 찾아보도록 한다.

　🔵 2번에는 상황에 따른 행동을 연결해서 문장을 만들 거예요. 내용을 들어 보기 전에 어떤 내용이 나올지 먼저 그림들을 살펴볼게요. 첫 번째 그림을 보세요. '시간이 없다'는 '바쁘다, 여유가 없다'는 뜻으로 쓰는 말이에요. '밥을 먹다'와 연결되어 있네요. '시간이 없지만 밥을 먹는다'라는 뜻으로 쓰고 싶어요. 어떻게 써요? '나는 아무리 시간이 없어도 밥을 먹을 거예요.'라고 써요.

　※ 유의점: 듣기 자료가 있는 활동이지만 바로 듣기 자료를 듣기보다는 미리 내용을 파악하고, 어울리는 내용을 생각해서 문장을 예상할 수 있도록 한다.

2) 듣기 자료를 듣고 연결한다.

> 듣기 자료 🔈 11
> 1) 나는 아무리 시간이 없어도 밥을 먹을 거예요.
> 2) 나는 아무리 졸려도 이를 닦고 잘 거예요.
> 3) 나는 무서워도 치과에 갈 거예요.
> 4) 나는 놀고 싶어도 숙제를 할 거예요.

　🔵 잘 듣고 상황과 행동을 연결해 보세요.

　🔵 잘 들었어요? 그러면 함께 연결한 것을 확인해 보도록 해요. 1번은 아무리 시간이 없어도 밥을 먹을 거예요. 따라 읽어 보세요. '시간이 없다'와 '밥을 먹다'가 이미 연결되어 있죠? 예상한 대로 나왔어요?

　🔵 다시 한번 들으면서 아래에 문장으로 써 보세요.

④ 적용 – 8분

1) 힘들어도 해야 하는 일을 생각해서 말해 보도록 한다.

　🔵 우리가 평소에 힘들어도 해야 하는 일들을 생각해 봅시다. 말풍선을 따라 읽어 보세요. 아무리 힘들어도 내 방 청소는 해야 해요. 내 방 청소는 꼭 해야 하는 일이니까 힘들어도 참고 해야겠죠? 또 힘들지만 해야 하는 일에는 뭐가 있을까요?

　※ 심화 보충

　'힘들어도' 부분까지 비워서 새로운 문장을 만들고 발표하기

　아무리 (　　　　　) (　　　　　).

　📝 아무리 무서워도 도망가지 않을 거예요.

⑤ 정리 – 2분

1) 오늘 배운 표현들을 그림을 보고 다시 말해 보도록 하면서 양보를 나타내는 '-어도'를 바르게 사용하는지 확인한다.

2) 익힘책 44~45쪽을 풀게 한다.

3차시 모둠 숙제

• 주요 학습 내용

> **어휘**
> 면담하다, 질문하다, 사진을 찍다, 내용을 적다, 역할
>
> **문법 및 표현**
> -는 동안에

• 학습 목표

• '-는 동안에'를 사용하여 모둠 숙제의 역할 나누는 방법을 나타내는 표현을 말할 수 있다.

① 도입 – 3분

1) 이전 차시 내용과 관련하여 학생들이 직접 해 본 숙제들을 말하도록 한다.

2) 모둠 숙제를 한 적이 있는지 경험을 말해 보도록 한다.

3) 이번 시간에는 모둠 숙제에 대해서 배울 것이라고 안내한다.

② 제시, 설명 – 15분

> **어휘 지식**
>
> | | |
> |---|---|
> | 면담하다 | 고민이나 문젯거리를 가지고 서로 만나서 이야기하다.
예 선생님과 면담하기로 했다.
혼자 고민하지 말고 선생님과 면담해 봐. |
> | 질문하다 | 모르는 것이나 알고 싶은 것을 묻다.
예 궁금한 것을 질문하다.
수업 시간에 질문하다. |
> | 사진을 찍다
[사지늘 찍따] | 어떤 대상을 카메라에 비추어 그 모양을 필름에 옮기다.
예 사진 같이 찍자.
기념으로 사진을 찍었어. |
> | 내용을 적다
[내용을 적따] | 어떤 내용을 글로 쓰다.
예 중요한 내용을 적으면서 들어요.
궁금한 내용을 적었어요. |
> | 역할
[여칼] | 맡은 일 또는 해야 하는 일.
예 맡은 역할을 잘 해냈다.
내 역할은 미리 연락을 하는 것이다. |

1) 1번 그림에 나온 대화를 교사가 먼저 읽어 준다. (가능하면 역할을 나누어 읽어 본다.)

> **문법 지식**
>
> **-는 동안**
> • 동사나 '있다', '없다'에 붙어 어떤 행위나 상태가 계속되는 시간의 뜻을 나타내는 표현. 어미 '-는'과 명사 '동안'이 함께 쓰인 표현.(조사 '에'가 붙은 '-는 동안에'도 가능하다.)
> 예 아이가 자는 동안 어머니는 집안일을 끝냈어요.
> 기다리시는 동안 이 책이라도 보시겠어요?
> 내가 없는 동안 동생들을 잘 돌보아야 한다.
> 내가 있는 동안 잘 해야지.

---

③ 모둠 숙제

1. 모둠 숙제에 대해 이야기해 봅시다.

1) 모둠 숙제가 뭐예요?

2) 타이선과 준서, 장위의 역할은 뭐예요?

76 • 의사소통 한국어 3

• 보충·심화: '-는 동안'은 어떤 행위나 상태가 계속되는 시간 내내 다른 일이 이루어짐을 의미하는 경우에 쓰는 데 반해 '-는 사이'는 어떤 행위나 상태가 일어나는 중간이나 어느 짧은 시간에 다른 일이 이루어짐을 의미할 때 쓴다.

① 아이가 자는 동안에 청소를 끝냈다.
② 아이가 자는 사이에 청소를 끝냈다.

①은 아이가 자는 시간 내내 청소를 하여 끝냈다는 의미이고, ②는 아이가 자는 시간 내내 청소를 했다는 의미가 아니라 아이가 자는 시간을 이용하여 잠시 청소를 끝냈다는 것이다.

2) 내용을 확인한다.

🔵 모둠 숙제가 뭐예요?

🔵 누구를 면담한다고 했어요?

🔵 타이선의 역할이 뭐예요? 무엇을 한다고 했어요?

🔵 준서의 역할은 뭐예요? 무엇을 한다고 했어요?

🔵 장위의 역할은 뭐예요? 무엇을 한다고 했어요?

3) 모두 동시에 하는 일임을 강조하며 둘씩 같이 말해 보도록 한다.

62 • 의사소통 한국어 교사용 지도서 3

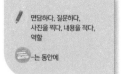

면담하다, 질문하다,
사진을 찍다, 내용을 적다,
역할

-는 동안에

2. 타이선과 친구들의 역할을 <보기>처럼 말해 봅시다.

사진 찍다

가장 힘든 일은……

내용을 적다   질문하다

<보기>   타이선이 질문하는 동안에 준서는 내용을 적어요.

• 준서가 _____ 장위는 사진을 찍어요.

• 장위가 _____ 타이선은 질문을 해요.

3. 우리 모둠의 면담하기 숙제를 준비해 봅시다.

1) 어떤 사람을 만나고 싶어요?

2) 역할을 정해 보세요.

내가 질문하는 동안에
너는 기록해.

역할	질문하기	내용 적기	사진 찍기
이름			

선 타이선이 질문을 하는 동안 준서는 무엇을 해요?
타이선이 질문을 하는 동안 준서는 내용을 적어요.
선 준서가 내용을 적는 동안 장위는 무엇을 해요?
준서가 내용을 적는 동안 장위는 사진을 찍어요.
선 장위가 사진을 찍는 동안 타이선은 무엇을 해요?
장위가 사진을 찍는 동안 타이선은 질문을 해요.

4) 친구들과 역할을 나누어 대화를 다시 읽어 보도록 한다.

③ 제시, 연습 – 8분

1) 2번 그림에서 각 학생들의 역할을 확인한다.
선 장위는 무엇을 하고 있어요?
선 준서는 무엇을 하고 있어요?
선 타이선은 무엇을 하고 있어요?

2) 모두 동시에 하고 있다는 것을 강조하며 둘씩 같이 말해 보도록 한다.
선 친구들이 이 일들을 동시에 하고 있어요. 타이선이 질문하는 동안 준서는 무엇을 하고 있어요?

선 준서가 내용을 적는 동안 타이선은 무엇을 하고 있어요? 이런 식으로 준서와 장위, 장위와 타이선의 역할을 말해 보세요.
장위가 사진을 찍는 동안 준서는 내용을 적고 있어요. 장위가 사진을 찍는 동안 타이선이 질문을 하고 있어요.

3) 친구와 역할을 나누어 말해 보도록 한다.
선 ○○이가 책을 들고 있고, △△이는 책을 읽고 있어요. 어떻게 말하면 좋을까요? ○○이가 책을 들고 있는 동안 △△이는 책을 읽고 있어요.
※ 심화 보충: 한석봉 이야기를 들려주고, 한석봉 어머니가 "내가 떡을 써는 동안 너는 글을 쓰거라." 부분을 가지고 이야기해 본다.

④ 적용 – 12분

1) 우리 모둠의 면담하기 숙제를 준비해 보도록 한다.
선 우리 모둠에서 면담하기 숙제를 한다고 생각하고 준비해 볼까요? 어떤 사람을 만나서 면담하고 싶어요?
※ 유의점: 실제 6학년 국어 교재에서 면담하기 과제가 제공되므로 해당 학년은 안내해 주어도 좋다. 또한 학교 밖의 인물뿐 아니라 학교에서 쉽게 만날 수 있는 영양사 선생님, 보건 선생님, 학교 보안관 아저씨 등 다양한 인물에 대한 면담 계획을 세우고 실제로 면담을 진행해 보도록 할 수도 있다.
※ 심화 보충: 면담할 대상을 정하고, 그 대상에게 실제로 물어볼 질문들을 만들어 보도록 한다. 학생들이 궁금한 내용을 질문으로 만들어 봄으로써 지금까지 배운 문법, 어휘 표현을 사용해 볼 수 있는 기회가 된다.

선 역할을 나누어 보세요. 질문할 사람, 내용을 적을 사람, 사진을 찍을 사람. 또 필요한 역할이 있으면 더 정해도 좋아요.
※ 유의점: 모둠원 인원이 너무 적을 경우, 가상의 친구들이 더 있다고 생각하고 활동하도록 한다. 가능한 여러 상황을 만들어 목표 문법을 연습하는 데 주안점을 둔다.
※ 심화 보충: 한국의 일반적인 교실에서 정하는 1인 1역을 주제로 이야기해 본다. 교실에서 어떤 역할을 하는지 이야기해 보도록 한다. 또는 청소 시간에 각자의 역할을 이야기하면서 목표 문법을 연습해 보도록 한다.

⑤ 정리 – 2분

1) 오늘 배운 어휘와 '-는 동안에' 문법을 학생들이 잘 알고 있는지 확인한다.

2) 다음 시간에는 숙제 검사와 관련된 표현을 배울 것임을 예고한다.

3) 익힘책 46~47쪽을 풀게 한다.

4차시 숙제 검사

· **주요 학습 내용**

> 어휘
> 모둠 숙제를 하다, 문제를 풀다
>
> 문법 및 표현
> -냐고 하다, -자고 하다
>
> 준비물
> -냐고 하다, -자고 하다

· **학습 목표**

· '-냐고 하다', '-자고 하다'를 사용하여 다른 사람의 말을 전하는 표현을 말할 수 있다.

1 도입 - 3분

1) 숙제를 하고 나서 선생님께 검사를 받아 본 경험을 이야기해 보도록 한다.

2) 숙제가 어려워서 잘 못할 때는 어떻게 했는지 경험을 말해 보도록 한다.

2 제시, 설명 - 15분

문법 지식

-냐고 하다
· 다른 사람이 질문한 내용을 인용하거나 전달할 때 쓴다.
> 예 의사 선생님께서 오늘 뭘 먹었냐고 물어보셨어요.
> 선생님께서 숙제를 잘 했냐고 하셨어요.

① 동사, 형용사 현재

조건	예시
-냐고 하다	먹냐고 하다, 예쁘냐고 하다 있냐고 하다, 없냐고 하다 이냐고 하다, 아니냐고 하다

② 동사, 형용사 과거

	조건	형태	예시
①	ㅏ, ㅗ	-았냐고	잤냐고 하다
②	ㅏ, ㅗ 이외	-었냐고	먹었냐고 하다
③	하다	했냐고	했냐고 하다

-자고 하다
· 동사에 붙어 말하는 사람이 하거나 다른 사람에게서 들은 권유나 제안의 내용을 간접적으로 옮겨 말할 때 쓴다.
> 예 아이다: 언니한테 아까 무슨 말을 했어?
> 아비가일: 이따 문구점에 같이 가자고 했어.

1) 1번 그림의 대화를 교사가 읽어 준다. (학생들의 수준에 따라 역할을 나누어 읽을 수도 있다.)

---

4 숙제 검사

1. 대화를 읽고 써 봅시다.

1) 선생님과 엠마의 대화를 읽어 보세요.

① 엠마, 모둠 숙제는 잘하고 있니?

② 네. 그런데 선생님께 질문이 있어요.

③ 그래? 그럼 오늘 수업 후에 같이 이야기하자.

④ 네, 선생님. 다니엘과 함께 갈게요.

2) 엠마의 말을 듣고 문장을 완성해 보세요.  12

선생님께 모둠 숙제를 잘하고 ......

선생님께서 뭐라고 하셨어?

그리고 선생님께서 오늘 수업 후에 같이 ......

78 · 의사소통 한국어 3

78

2) 내용을 확인한다.
> 선 모둠 숙제는 전 시간에 배웠죠?
> 선생님이 뭐라고 물었어요?
> 모둠 숙제는 잘 하고 있니?
> 선 엠마는 뭐라고 답했어요?
> 네. 그런데 선생님께 질문이 있어요.
> 선 선생님은 뭐라고 말했어요?
> 그럼 오늘 수업 후에 같이 이야기하자.
> 선 엠마는 누구와 함께 간다고 했어요?
> 다니엘과 함께 갈게요.

3) 선생님과 엠마의 대화를 다시 소리 내어 읽어 보도록 한다.

4) 듣기 자료를 듣고 문장을 완성해 보도록 한다.

> 듣기 자료 12
> 다니엘: 선생님께서 뭐라고 하셨어?
> 엠마: 선생님께서 모둠 숙제는 잘 하고 있냐고 하셨어. 그리고 선생님께서 오늘 수업 후에 같이 이야기하자고 하셨어.

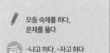

모둠 숙제를 하다,
문제를 풀다

-냐고 하다, -자고 하다

2. 다른 사람의 말을 전해 봅시다.

1) 맞는 표현을 고르세요.

같이 모둠 숙제 하자. ➡ 엠마가 같이 모둠 숙제를 [하냐고 / 하자고] 했어요.

숙제를 다 하고 놀자. ➡ 엠마가 숙제를 다 하고 [노냐고 / 놀자고] 했어요.

내일 같이 가? ➡ 엠마가 내일 같이 [가냐고 / 가자고] 했어요.

수학 익힘책 다 풀었어요? ➡ 선생님께서 수학 익힘책을 다 [풀자고 / 풀었냐고] 했어요.

2) 1)에서 다니엘이 한 말을 소리 내어 읽어 보세요.

3. '말 전하기' 놀이를 해 봅시다.

<놀이 방법>
① 모둠을 나눠요.
② 각 모둠 1번이 선생님의 말씀을 듣고 와요.
③ 다음 친구에게 선생님의 말씀을 전달해요.
④ 마지막 친구가 선생님의 말씀을 맞혀요.

준비물 가지고 왔니?

선생님께서 준비물 가지고 왔냐고 하셨어.

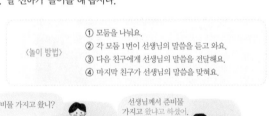

4. 숙제 • 79

79

📙 이번에는 엠마가 다니엘에게 말을 전하고 있어요. 선생님이 들려주는 내용을 잘 들어 보세요.
📙 선생님께서 뭐라고 하셨어요?
모둠 숙제를 잘 하고 있냐고 하셨어요. 그리고 오늘 수업 후에 같이 이야기하자고 하셨어요.

어휘 지식	
모둠 숙제를 하다	효율적인 학습을 위하여 학생들을 대여섯 명 내외로 묶은 모임별로 함께 숙제를 하다. 📍 이번 주 수요일까지 모둠 숙제를 하세요. 모둠 숙제를 하려고 다니엘 집에서 만나기로 했어.
문제를 풀다	모르거나 복잡한 문제를 해결하거나 그 답을 알아내다. 📍 선생님이 내신 문제를 풀지 못해 한참을 고생했다. 문제를 푼 사람부터 운동장으로 나갈 수 있어.

5) 다니엘과 엠마의 대화를 소리 내어 읽어 보도록 한다.

③ 연습 - 12분

1) 2번에서 다른 사람의 말을 전달해 보게 한다.

📘 엠마의 말을 읽어 보세요. 같이 모둠 숙제 하자.
📘 다니엘이 이 말을 다른 사람에게 전한다면 뭐라고 말해야 할까요? 알맞은 말에 ○표 해 보고 읽어 보세요. 엠마가 같이 모둠 숙제를 하자고 했어요.
📘 엠마가 뭐라고 말했어요? 숙제를 다 하고 놀자. 다니엘이 뭐라고 말해야 할까요? 엠마가 숙제를 다 하고 놀자고 했어요.
📘 엠마가 뭐라고 말했어요? 내일 같이 가? 다니엘은 뭐라고 말해야 할까요? 엠마가 내일 같이 가냐고 했어요.
📘 선생님이 뭐라고 말했어요? 수학 익힘책을 다 풀었어요?
📘 다니엘이 이 말을 다른 사람에게 전한다면 뭐라고 말해야 할까요? 선생님께서 수학 익힘책을 다 풀었냐고 하셨어요.

2) 다니엘이 한 말을 소리 내어 읽어 보도록 한다.

3) 짝과 함께 말을 하고 그 말을 전해 보도록 한다.

※ 심화 보충: 질문이나 권유가 적힌 카드를 미리 준비하여 엎어 놓고 하나씩 뽑아서 전달하는 놀이를 해 보도록 한다.

④ 적용 - 8분

1) '말 전하기' 놀이를 설명한다.

📘 모둠을 나눠요. 그런 다음 각 모둠 1번이 선생님의 말씀을 듣고 다음 친구에게 선생님의 말씀을 전달해요. 마지막 친구가 선생님의 말씀을 맞혀요.

※ 유의점: 수업하는 아이들의 숫자가 적을 때는 가상의 인물 (부모님, 다른 선생님 등)을 정해 그 사람에게 말을 전하는 식으로 진행한다.

2) 각 모둠 1번이 한 말을 그대로 전하지 않고 배운 표현 (-냐고 하다, -자고 하다)을 사용하도록 한다.

3) 심화 보충에 제시된 방식으로 다양하게 상황을 바꾸어 가며 친구와 연습해 보도록 한다.

※ 유의점: 학생들이 질문이나 권유의 문장을 만들지 못할 수 있으므로 처음에는 선생님이 제시해 주거나 예시 문장을 몇 개 만들어 그중 선택하여 활동해 보도록 한다.

⑤ 정리 - 2분

1) 오늘 배운 어휘와 '-냐고 하다', '-자고 하다' 문법을 학생들이 잘 알고 있는지 확인한다.

2) 문장을 바꿔서 써 올 수 있는 숙제를 내 준다.

3) 익힘책 48~49쪽을 풀게 한다. 익힘책에는 '-냐고 하다'와 '-자고 하다'를 반복해서 연습하도록 구성되어 있다. 특히 5번의 경우에는 틀린 부분을 찾는 문제로, 학생 스스로 고쳐 볼 수 있도록 한다.

※ 유의점: 형용사의 경우 권유형을 사용할 수 없다.
📍 좋다→좋자(×), 예쁘다→예쁘자(×)

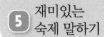

5 재미있는
숙제 말하기

1. 재미있는 숙제를 읽어 봅시다.

오늘의 숙제 1

놀이공원에 가서 놀이 기구를
3개 타고 사진을 찍어 오기

오늘의 숙제 2

가족과 자전거 타기

오늘의 숙제 3

내가 노는 동안에 부모님은 숙제하기

오늘의 숙제 4

누워서 과자 먹기

1) 어떤 숙제들이 있어요?

2) 어떤 숙제가 가장 재미있어요?

2. 내가 원하는 숙제를 그림으로 그리거나 글로 써서 발표해 봅시다.

3. 가장 재미있는 숙제를 발표한 친구를 뽑아 봅시다.

제가 원하는 숙제는
치킨 두 마리 먹기입니다.
저는 치킨을 정말 좋아합니다.

5차시 재미있는 숙제 말하기

· 학습 목표
· 재미있는 숙제를 읽고, 여러 가지 숙제를 만들어 쓰고 말할 수 있다.

1 도입 – 2분

1) 숙제에 대한 학생 자신의 생각이나 느낌을 말하게 한다.

2) 자신이 좋아하는 숙제가 있는지 말하게 한다.

2 제시, 설명 – 10분

1) 1번의 재미있는 숙제를 읽어 보게 한다.
　🔊 오늘의 숙제 1은 무엇이에요? 읽어 보세요.

2) 내용을 파악한다.
　🔊 어떤 숙제들이 있어요?
　🔊 어떤 숙제가 가장 재미있어요?

3 제시, 연습 – 18분

1) 2번에 자신이 원하는 숙제를 그림으로 그리거나 글로 쓰게 한다.
　🔊 내가 선생님이라면 어떤 숙제를 낼 거예요?
　　내가 바라는 숙제를 써 보세요.

2) 교재에 있는 4개의 숙제와 학생들이 쓴 숙제를 모아 놓고 다 같이 읽어 본다.

　※ 유의점: 내가 원하는 숙제이지만 그 내용이 너무 비교육적 이거나 다른 사람을 괴롭히는 내용이 되지 않도록 지도한다. 숙제는 누군가를 괴롭히려고 내는 것이 아니므로 이 차시를 학습하는 내내 숙제의 의미가 왜곡되지 않도록 숙제의 의미 를 잘 인지시킬 필요가 있다.

　※ 심화 보충

　① 내가 해 본 재미있는 숙제를 말해 보도록 한다. 맨날 하는 숙 제 말고 특별했던 숙제도 말해 보도록 하면서 이러한 숙제들 을 응용해서 우리 반의 숙제를 제안해 보도록 한다.

　② 특별한 날에 어울리는 숙제를 만들어 보도록 한다.
　　📕 어버이날: 부모님께 사랑한다고 세 번 말하기
　　　국군의 날: 군인 아저씨께 감사 편지 쓰기
　　　한글날: 한글(가나다라) 예쁘게 한 번 쓰기 등.

4 적용 – 8분

1) 3번에서는 교재에 있는 숙제들과 학생들이 쓴 숙제들 을 모아 놓고 투표를 한다. 돌아가면서 왜 그 숙제를 뽑 았는지도 말해 보도록 한다.

2) 가장 재미있는 숙제를 발표한 숙제 왕을 뽑고 친구들 앞에서 다시 발표하도록 한다.

5 정리 – 2분

1) 숙제에 대한 느낌을 다시 말하도록 하고, 친구들과 숙 제를 만들고 이야기한 소감을 말해 보게 한다.

6 이야기 이어 쓰기

1. 이야기를 읽어 봅시다.

유키의 아빠는 과학자입니다. 유키의 아빠는 유키의 생일 선물로 로봇을 만들어 주셨습니다. 아빠가 말씀하셨습니다.
"유키야, 네가 원하는 걸 말하면 이 로봇이 다 들어줄 거야."
"와, 정말요? 로봇아, 물 가져와."
로봇은 "네."라고 대답하고 🥛 물을 가지고 왔습니다. 유키는 정말 신이 났습니다. 아빠가 말씀하셨습니다.
"유키야, 아빠가 없는 동안 로봇이랑 잘 놀고 있어. 아빠 금방 올게."
"네, 아빠, 다녀오세요."
아빠가 나가시고 유키는 로봇에게 계속 말을 했습니다.
"로봇, 나하고 같이 놀자."
"네."
"로봇, 떡볶이 만들 수 있어?"
로봇은 "네."라고 말하고, 떡볶이를 만들었습니다.
'이제 또 뭘 시키지? 아, 맞다! 로봇에게 내 숙제를 시켜야겠다.'
유키는 로봇에게 알림장을 주며 물었습니다.
"로봇, 내 숙제할 수 있어?"
로봇은 "네."라고 말하고, 알림장을 꺼내서 숙제를 확인했습니다.
그리고 수학 익힘책을 풀고, 줄넘기를 했습니다. 로봇이 숙제를 하는 동안 유키는 텔레비전을 보며 아이스크림을 먹었습니다.
"로봇이 있으니까 진짜 좋다. 하기 싫은 숙제도 다 해 주고."
그런데 그때 아빠가 집에 오셨습니다. 유키는 놀라서 벌떡 일어섰습니다.
"유키, 지금 로봇에게 뭘 시켰어?"

1) 유키의 아빠가 유키에게 주신 생일 선물은 뭐예요?

2) 로봇이 한 일을 모두 말해 보세요.

3) 이어질 이야기를 말해 보세요.

2. 로봇이 되어 아빠에게 유키의 말을 전달해 봅시다.

〈보기〉 "나하고 같이 놀자."

➡ 유키가 같이 놀자고 말했어요.

1) "떡볶이 만들 수 있어?"

➡ 유키가 _____.

2) "내 숙제 할 수 있어?"

➡ 유키가 _____.

3. 여러분이 로봇에게 시키고 싶은 것을 말해 봅시다.

로봇, _____
_____
_____
_____

6차시 이야기 이어 쓰기

· 학습 목표
· 이야기를 읽고 뒤에 이어질 이야기를 쓸 수 있다.

1 도입 - 3분

1) 하기 싫은 일은 무엇이 있는지 말해 보도록 한다.

2) 로봇을 만든다면 무슨 로봇을 만들고 싶은지 말해 보도록 한다.

2 제시, 설명 - 15분

1) 1번의 이야기를 읽는다. 교사가 시범을 보이며 읽거나 학생들이 읽도록 한다.

2) 내용을 확인한다.
   🔴 유키의 아빠가 유키에게 생일 선물로 무엇을 주셨어요?
   🔴 로봇이 한 일을 모두 찾아서 밑줄 그어 보세요. 함께 말해 보세요.
   🔴 이어질 이야기를 이야기해 보세요.

3 제시, 연습 - 12분

1) 2번에서는 로봇이 되어 유키의 말을 전달해 보도록 한다.
   🔴 유키가 뭐라고 말했어요? (나하고 같이 놀자.) 이 말을 아빠

에게 전달해 보세요. 로봇은 뭐라고 말해야 할까요? (유키가 같이 놀자고 했어요.)

2) 다음 문제들도 해결해 보도록 한다.
   🔴 유키가 뭐라고 말했어요? (떡볶이 만들 수 있어?) 이 말을 아빠에게 전달해 보세요. 로봇은 뭐라고 말해야 할까요? (유키가 떡볶이 만들 수 있냐고 했어요.)
   🔴 유키가 뭐라고 말했어요?(내 숙제 할 수 있어?) 이 말을 아빠에게 전달해 보세요. 로봇은 뭐라고 말해야 할까요? (유키가 내 숙제 할 수 있냐고 했어요.)

3) 다른 문장들을 더 제시하고 연습해 보도록 한다.
   🔴 아빠가 "유키, 지금 로봇에게 뭘 시켰어?"라고 말씀하셨어요. 이 말을 엄마에게 전달해 보세요.

4 적용 - 8분

1) 3번에서는 유키처럼 로봇에게 시키고 싶은 일을 말해 보도록 한다.

2) 유키처럼 로봇에게 시키는 말을 해 보도록 한다.

3) 이 말들을 다른 사람에게 전달해 보도록 한다.
   ※ 심화 보충: 도입에서 이야기 나누던 만들고 싶은 로봇에게 시키고 싶은 것들을 말하고 같은 활동을 연습해 본다.

5 정리 - 2분

1) 숙제를 해 주는 로봇이 있다면 어떤 숙제를 시키고 싶은지 말해 보도록 한다.

7 다양한 독서록 쓰기

1. 《아낌없이 주는 나무》를 읽어 봅시다.

나무가 소년에게 말했어요.
"이 숲이 나의 집이야. 하지만 내 가지들을 베다가 집을 지어. 그러면 행복해질 수 있을 거야."
그래서 소년은 나무의 가지들을 베었어요. 그리고 자기의 집을 지으려고 가지들을 가지고 갔어요.
그래도 나무는 행복했어요.

2. 유키가 《아낌없이 주는 나무》를 읽고 작성한 독서록입니다. 어떤 독서록이 더 재미있는지 읽어 봅시다.

1) 기억에 남는 문장 적기

책 제목	아낌없이 주는 나무	
날짜	2000년 월 일 (수)	작가 셸 실버스타인 (번역) 이재명
기억에 남는 문장	그래도 나무는 행복했어요.	

2) 기자가 되어 등장인물 인터뷰하기

날짜	2000년 0월 0일 (수)	나래 신문	유키 기자
책 제목	아낌없이 주는 나무		
오늘의 인터뷰 주인공	나무		
질문 1	나무님은 왜 소년에게 아낌없이 주었어요?		
질문 2	나무님은 왜 행복했어요?		
질문 3	나무님은 소년이 미운 적은 없었어요?		

3. 최근에 읽은 책을 가지고 독서록을 써 봅시다.

책 속 등장인물을 소개해 보자!
내가 읽은 책을 만화로 표현해 보자!

84 • 의사소통 한국어 3

4. 숙제 • 85

7차시 다양한 독서록 쓰기

· 학습 목표
· 다양한 독서록을 읽고 독서록을 쓸 수 있다.

① 도입 - 2분

1) 책을 읽고 독서록을 써 본 적이 있는지 이야기를 나누어 본다.

2) 독서록에는 어떤 내용이 들어가야 할지 말해 본다.

② 제시, 설명 - 10분

1) 1번 그림을 보고 이야기를 읽게 한다.
   🔊 《아낌없이 주는 나무》을 읽어 본 적이 있어요? 선생님과 같이 읽어 봅시다.
   ※ 유의점: 교재에 나온 부분은 동화책의 일부분이므로 실제 책을 가지고 교사가 읽어 주고 활동하도록 한다.

2) 내용을 확인하고 생각이나 느낌을 말하게 한다.
   🔊 주인공은 누구예요?
   🔊 어떤 내용이에요?
   🔊 읽고 나니 어떤 생각이나 느낌이 들었어요?

③ 제시, 연습 - 10분

1) 2번의 독서록 예시를 보고 쓰는 방법을 이야기해 보게 한다.

🔊 독서록을 쓸 때는 무엇을 먼저 써야 할까요? 책에 대한 기본 정보를 먼저 써 주어야 해요. 책에 대한 기본 정보는 책 제목, 작가이고, 읽은 날짜도 쓰면 좋아요.

🔊 첫 번째 독서록을 보세요. 무엇을 썼어요? (기억에 남는 문장) 여러분은 이 책에서 가장 기억에 남는 문장이 뭐예요? 책을 읽고 나서 가장 기억에 남는 문장을 적는 거예요.

🔊 두 번째 독서록을 보세요. 무엇을 했어요? (인터뷰) 여러분은 누구를 인터뷰하고 싶어요? 책 속에 나오는 인물 중 하나를 고르는 거예요. 여기서는 나무를 인터뷰했어요. 질문들을 같이 읽어 보세요. 여러분은 누구를 인터뷰하고 싶어요? 인물을 정해서 묻고 싶은 질문들을 써 보세요.

※ 유의점: 학생들이 독서록을 낯설어하면 함께 읽거나 이야기를 나누던 다른 책을 예로 들어 독서록을 쓰는 모습을 좀 더 보여 준다. 또는 새로운 책을 읽어 주고 독서록을 함께 써 보는 연습을 한다.

④ 적용 - 15분

1) 3번에서는 최근에 읽은 책을 고른 독서록에 써 보게 한다.
   ※ 유의점: 학교에서 제공하는 독서록이 있다면 그 양식을 이용해도 좋다.

⑤ 정리 - 3분

1) 독서록에 쓴 내용을 돌아가면서 발표하게 한다.

2) 가장 좋은 내용을 발표한 친구를 뽑고 칭찬한다.

1. 숙제의 종류를 생각해 봅시다.

2. 부록의 숙제 카드를 떼서 알맞은 칸에 놓아 봅시다. 부록

독서 관련 숙제

예체능 관련 숙제

인성 관련 숙제

학습(공부) 관련 숙제

문화 체험 관련 숙제

3. 숙제 카드를 더 만들어 봅시다.

8차시 생각 넓히기

· **학습 목표**
· 숙제의 종류를 알고 기준에 맞게 분류하여 말할 수 있다.

1 도입 - 2분

1) 어제나 오늘의 숙제를 말해 보게 한다.

2) 지난 방학 동안 했던 숙제를 말해 보도록 한다.

2 제시, 설명 - 10분

1) 1번에서는 숙제의 종류를 생각해 보게 한다.
   신 여러 가지 숙제를 말해 보세요.

   ※ 보충 심화: 학생들에게 포스트잇을 나누어 주고 자신이 생각하는 숙제들을 최대한 많이 써 보도록 한다. 그리고 그걸 칠판에 붙이고 교사와 함께 분류해 본다.

3 제시, 연습 - 15분

1) 〈부록〉의 숙제 카드를 확인하게 한다.
   신 〈부록〉에 있는 숙제 카드를 읽어 보세요.
   신 우리가 이야기한 숙제 중에 빠진 게 있으면 마지막 카드에 써 보세요.
   신 〈부록〉의 숙제 카드를 떼어 내 보세요.

2) 2번의 숙제 카드를 교재의 분류판에 올려놓게 한다.
   신 각각의 숙제는 어떤 숙제로 모을 수 있을지 생각해 보세요. 책 읽기는 어떤 숙제일까요?

3) 친구들과 함께 분류판에 올려놓은 결과를 확인하게 한다.
   신 친구들과 다르게 올린 카드가 있어요? 어디에 올리는 게 더 좋을지 이야기해 보세요.

4 적용 - 10분

1) 숙제 카드를 더 만들어 보게 한다.

2) 더 만든 숙제 카드도 분류판에 놓아 보게 한다.

3) 자신이 만든 숙제를 어느 분류판에 올려놓았는지 발표하게 한다.

5 정리 - 3분

1) '시장에 가면' 놀이를 '학교에 가면'으로 바꾸어 '숙제' 이름으로 해 보면서 숙제의 종류를 말해 보게 한다.

2) 숙제의 의미를 생각하며 숙제를 열심히 하기로 다짐하도록 한다.

5단원 • 규칙

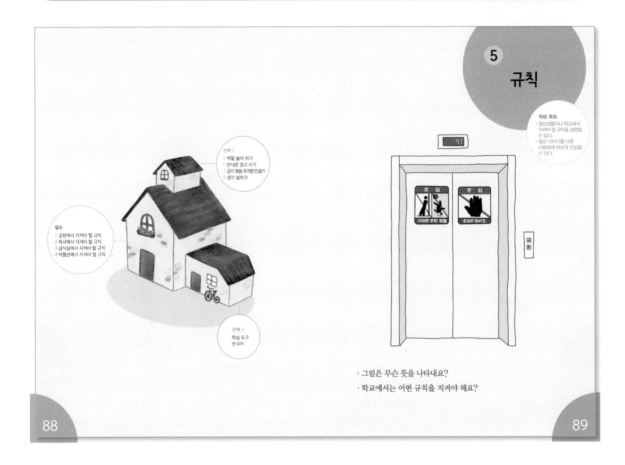

단원의 개관

이 단원의 목표는 규칙과 관련된 어휘를 익히고 금지하는 표현과 다른 사람의 말을 전달하는 기능을 함양하는데 있다. 이 단원의 학습을 통해서 학생들은 다양한 행동들과 관련된 어휘를 학습하고 학교생활에서 지켜야 할여러 가지 규칙들을 말할 수 있다.

학습목표		• 일상생활이나 학교에서 지켜야 할 규칙을 설명할 수 있다. • 들은 이야기를 다른 사람에게 바르게 전달할 수 있다.					
주제	장면		기능	문법	어휘	문화	담화 유형
	일상생활	학교생활					
일상 규범	공중도덕	학교 규칙	규칙 설명하기 금지·허용하기	-으면 안 되다 -는다고 하다 -으라고 하다 -고 나서	규칙 관련 어휘 예절 관련 어휘	지진 대피 요령	안내문 설명문 대화
	박물관 규칙	급식실 규칙					

● 차시 전개 과정

차시	차시 제목	성격	학습 내용	교재 쪽수	익힘책 쪽수
1	공원에서 지켜야 할 규칙	필수	• 공원에서 지켜야 할 규칙을 설명할 수 있다.	90	52
2	학교에서 지켜야 할 규칙	필수	• 학교에서 지켜야 할 규칙을 말할 수 있다.	92	54
3	급식실에서 지켜야 할 규칙	필수	• 급식실에서 지켜야 할 규칙을 말할 수 있다.	94	56
4	박물관에서 지켜야 할 규칙	필수	• 박물관에서 지켜야 할 규칙을 설명할 수 있다.	96	58
5	역할 놀이 하기	선택	• 역할을 정하여 역할 놀이를 할 수 있다.	98	-
6	안내문 읽고 쓰기	선택	• 안내문을 읽고 쓸 수 있다.	100	-
7	금지 행동 표지판 만들기	선택	• 금지 행동 표지판을 만들고 설명할 수 있다.	102	-
8	생각 넓히기	선택	• 지진이 났을 때의 올바른 행동 요령을 알 수 있다.	104	-

● 단원 지도상의 유의점

◆ 〈의사소통 한국어〉 교재의 특성상 낱말, 표현, 문법을 분리하지 않고, 주어진 장면과 상황 안에서 통합적으로 학습할 수 있도록 지도한다. 그림과 사진을 통해 어휘 및 표현을 이해하고, 제시된 대화나 활동으로 문법을 이해할 수 있도록 교수한다.

◆ 마지막 적용 문항에서는 매 차시 배운 어휘나 문법을 활용해 차시별 학습 주제를 2~3문장 이상의 복문으로 말할 수 있도록 지도한다.

◆ 어휘나 표현에 대한 지식은 '어휘 지식'으로, 체언이나 용언에 결합하는 조사나 문형은 '문법 지식'으로 구분하여 제시한다.

· **주요 학습 내용**

어휘
나무에 올라가다, 쓰레기를 버리다, 꽃을 꺾다, 노래를 부르다

문법 및 표현
-으면 안 되다

준비물
듣기 자료

· **학습 목표**
· 공원에서 지켜야 할 규칙을 설명할 수 있다.

1 도입 – 5분

1) 교재 단원 도입 그림을 보고 간단한 질문을 주고받는다.
   선 어디에서 볼 수 있는 그림이에요?
   선 무엇을 설명하기 위한 그림이에요?

2) 학생들에게 교재에 나온 도입 질문을 한다.
   선 그림은 무슨 뜻을 나타내요?
   선 학교에서는 어떤 규칙을 지켜야 해요?

3) 이번 단원을 배우면 일상생활과 학교생활에서 지켜야 할 규칙에 대해 말할 수 있다고 설명한다.

4) 교재 90쪽 1번 그림을 보면서 오늘 배울 내용을 안내한다.
   선 어디에서 볼 수 있는 그림이에요?
   공원에서 지켜야 할 규칙에는 어떤 것들이 있을까요?

2 제시, 설명 – 12분

1) 공원 안내 방송과 관련된 내용을 듣고 1번 물음에 답하게 한다.

   듣기 자료 🔊 13
   우리 공원에서는 다음과 같은 행동을 하면 안 됩니다.
   첫째, 나무에 올라가면 안 돼요.
   둘째, 자전거를 타면 안 돼요.
   셋째, 쓰레기를 버리면 안 돼요.
   넷째, 꽃을 꺾으면 안 돼요.
   다섯째, 큰 소리로 노래를 부르면 안 돼요.

2) 익힘책 53쪽 2번, 3번을 풀게 한다.
   선 공원에서 하면 안 되는 행동을 살펴봅시다.
   (나무에 올라가려는 그림을 보여 주며) 무엇을 하려고 해요?
   나무에 올라가도 돼요?
   (자전거 타는 그림을 보여 주며) 무엇을 하려고 해요?
   공원에서 자전거를 타도 돼요?
   (쓰레기 버리는 그림을 보여 주며) 무엇을 하고 있나요?
   쓰레기를 버리면 되나요?

---

1 공원에서 지켜야 할 규칙

1. 공원의 안내 방송을 들어 봅시다. 🔊 13

   1) 어떤 안내 방송이에요?

   2) 공원에서 어떤 행동을 하면 안 돼요?

90

(꽃을 꺾는 그림을 보여 주며) 무엇을 하려고 하나요?
꽃을 꺾으면 되나요?
(노래 부르는 그림을 보여 주며) 무엇을 하고 있나요?
공원에서 큰 소리로 노래 부르면 되나요?

어휘 지식	
나무에 올라가다	단단한 줄기에 가지와 잎이 달린 여러 해 동안 자라는 식물의 높은 곳으로 가다. 예 높은 나무에 올라갔다. 고양이가 나무에 올라갔다.
쓰레기를 버리다	못 쓰게 되어 내다 버릴 물건이나 가지고 있을 필요가 없는 물건을 내던지거나 쏟거나 하다. 예 길가에 함부로 쓰레기를 버리면 안 돼요. 쓰레기통에 쓰레기를 버렸다.
꽃을 꺾다 [꼬츨 꺽따]	특유의 모양과 빛깔, 향기가 있으며 줄기 끝에 달려 있는 식물의 한 부분. 또는 그것이 피는 식물을 구부려 펴지지 않게 하거나 부러뜨리다. 예 화단에 있는 꽃을 꺾지 마세요. 꽃을 꺾으면 안 돼요.

나무에 올라가다,
쓰레기를 버리다,
꽃을 꺾다, 노래를 부르다

-으면 안 되다

2. 안내 방송을 다시 들으면서 안내문의 내용을 완성해 봅시다.

1) 나무에 _____ 안 돼요.

2) 자전거를 _____ 안 돼요.

3) 쓰레기를 _____ 안 돼요.

4) 꽃을 _____ 안 돼요.

5) 큰 소리로 노래를 _____ 안 돼요.

| 올라가다 | 타다 | 버리다 | 꺾다 | 부르다 |

3. 공원에서 또 어떤 행동을 하면 안 될까요? 그림을 그리고 써 봅시다.

_____ 안 돼요.

5. 규칙 • 91

91

| 노래를 부르다 | 운율에 맞게 지은 가사에 곡을 붙인 음악을 소리 내어 부른다.
예 박자에 맞춰 노래를 부른다.
친구들과 함께 노래를 불렀다. |

③ 연습 – 8분

1) 안내 방송(🔊13)을 다시 한번 듣고 2번의 빈칸에 알맞은 말을 쓰게 한다.

선 나무에 어떻게 하면 안 돼요?

선 자전거를 어떻게 하면 안 돼요?

선 쓰레기를 어떻게 하면 안 돼요?

선 꽃을 어떻게 하면 안 돼요?

선 큰 소리로 노래를 어떻게 하면 안 돼요?

2) 동작을 하면서 답을 두 번씩 읽어 보게 한다.

선 (나무에 올라가는 동작을 하면서) 나무에 올라가면 안 돼요.

3) 짝과 하나씩 번갈아 가며 읽어 보도록 한다.

문법 지식

-으면 안 되다

· 금지나 제한을 서술함을 나타내는 표현으로 동사나 형용사 '이다, 아니다'에 붙어 어떤 행위를 하지 못하게 하거나 어떤 상태가 되는 것을 금지할 때 사용한다.

	조건	형태	예시
①	받침 ○	-으면 안 되다	늦으면 안 되다, 먹으면 안 되다
②	받침 ×	-면 안 되다	가면 안 되다, 보면 안 되다, 크면 안 되다
	ㄹ 받침	-면 안 되다 (어간 'ㄹ' 탈락)	놀면 안 되다, 길면 안 되다

④ 적용 – 10분

1) 공원에서 하면 안 되는 행동을 세 가지씩 떠올려 보게 한다.

선 공원에서 또 어떤 행동을 하면 안 될까요? 세 가지씩 떠올려 봅시다.

2) 공원에서 하면 안 되는 행동을 떠올린 후 3번에 그림과 글로 표현하게 한다.

※ 유의점: 교사가 순회 지도하면서 학생들의 쓰기 활동을 살펴본다. 그림의 행동과 어울리는 동사를 바르게 썼는지 확인한다. 그리고 학생들이 그림 그리기에만 매몰되지 않도록 한다.

3) 3번의 그림과 글을 친구들과 돌려 읽어 보게 한다.

4) 공원에서 하면 안 되는 행동을 친구들에게 큰 소리로 발표하게 한다.

⑤ 정리 – 5분

1) 배운 어휘와 표현으로 공원에서 하면 안 되는 행동을 한 가지 정하여 몸짓과 함께 짝에게 말해 보도록 한다.

※ 추가 활동: 연습이 더 필요한 경우 교사와 함께 행동 그림 카드를 활용하여 배운 어휘를 한 번 더 정리한다.

2) 익힘책 52~53쪽을 풀게 한다.

3) 차시 예고를 한다.

선 다음 시간에는 학교에서 지켜야 하는 규칙에 대해 이야기할 거예요. 어떤 규칙이 있는지 생각해 오세요.

2차시 학교에서 지켜야 할 규칙

· 주요 학습 내용

> 어휘
> 계단, 뛰어다니다, 복도, 장난치다, 조용히 하다, 바르게 앉다
>
> 문법 및 표현
> -는다고 하다, -으라고 하다

· 학습 목표
· 학교에서 지켜야 할 규칙을 말할 수 있다.

1 도입 – 3분

1) 지난 시간에 배운 표현을 복습한다.
   🔵 공원에서 하면 안 되는 행동에는 어떤 것들이 있어요?

2) 우리 반 규칙에는 어떤 것들이 있는지 물어보면서 본 차시 학습에 대한 학생들의 관심을 유도한다.

2 제시, 설명 – 12분

1) 1번 그림을 보면서 오늘 배울 내용을 안내한다.
   🔵 친구들은 어디에 있어요?
   　어떤 행동을 하는 친구들이 보여요?

2) 1번 그림을 살펴보며 질문을 통해 어휘를 학습한다.
   🔵 (계단에서 뛰다)
   　여학생은 왜 선생님께 야단을 맞고 있어요?
   　계단에서는 어떻게 해야 해요?
   🔵 (복도에서 장난치다)
   　남학생은 복도에서 무엇을 했어요?
   　복도에서 어떻게 해야 해요?
   🔵 (교실에서 조용히 하다)
   　여학생은 교실에서 무엇을 했어요?
   　교실에서 어떻게 해야 해요?
   🔵 (의자에 바르게 앉다)
   　남학생은 어떻게 앉아 있어요?
   　교실에서는 어떻게 앉아야 해요?

3) 교사가 1번에 나온 표현을 천천히 큰 소리로 읽은 후 학생들에게 두 번씩 따라 읽게 한다.

어휘 지식	
계단	오르내리기 위하여 작은 단들을 비스듬하게 차례로 이어 놓은 시설. 예 계단이 낮다. 　계단에서는 조심하세요.
뛰어다니다	이곳저곳을 뛰면서 돌아다니다. 예 아이가 방을 뛰어다니고 있다. 　우리 강아지는 하루 종일 뛰어다닌다.

---

2 학교에서 지켜야 할 규칙

1. 학교에서 지켜야 하는 규칙을 알아봅시다.

   1) 친구들이 어떻게 행동했는지 말해 보세요.

계단에서 뛰어다니면 안 돼요.

복도에서 장난치면 안 돼요.

교실에서 조용히 하세요.

의자에 바르게 앉으세요.

오늘 뭐 해?

   2) 선생님께서 뭐라고 말씀하셨어요?

복도	건물 안에서 여러 방으로 통하게 만들어 놓은 통로. 예 복도가 어둡다. 　복도 끝에 화장실이 있다.
장난치다	아이들이 재미로나 심심풀이로 하는 짓을 심하게 하다. 예 아이들이 친구들과 장난치면서 놀고 있다. 　아이가 신나게 장난치고 있다.
조용히 하다	아무 소리도 들리지 않게 하다. 예 공부 시간에 조용히 하세요. 　영화관에서 조용히 해야 한다.
바르게 앉다 [바르게 안따]	기울어지거나 비뚤어지거나 굽지 않고 곧거나 반듯하게 엉덩이에 몸무게를 실어 다른 물건이나 바닥에 몸을 올려놓다. 예 의자에 바르게 앉으세요. 　자리에 바르게 앉아라.

3 연습 – 18분

1) 1-1)번을 보고 친구들이 어떤 행동을 했는지 말하게 한다.

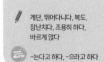

2. 선생님께서 친구들에게 하신 말씀을 빈칸에 써 봅시다. 그리고 자연스럽게 말해 봅시다.

─────────────────
─────────── 다고 하셨어요.

───────────────
───────── 다고 하셨어요.

─────────────
────────── 라고 하셨어요.

───────────────
───────── 라고 하셨어요.

3. 여러분의 선생님은 어떤 말씀을 자주 하시나요? 선생님께서 하신 말씀 중에 기억에 남는 말을 써 봅시다.

우리 선생님은 ──────────────────── 하셨어요.

우리 선생님은 ──────────────────── 하셨어요.

5. 규칙 • 93

93

조건		형태	예시
동사	① 받침 ○	-는다고 하다	먹는다고 하다
	② 받침 ×	-ㄴ다고 하다	잔다고 하다
	③ ㄹ 받침	-ㄴ다고 하다	산다고 하다 논다고 하다
형용사		-다고 하다	예쁘다고 하다
이다, 아니다		-라고 하다	학생이라고 하다 친구라고 하다

-으라고 하다
· 다른 사람이 말한 명령을 인용하거나 전달할 때 쓴다. 동사와 결합한다.

	조건	형태	예시
①	받침 ○	-으라고 하다	먹으라고 하다
②	받침 ×	-라고 하다	자라고 하다
	ㄹ 받침	-라고 하다	살라고 하다

2) 교사가 한 말을 자연스럽게 전달하게 한다.

※ 추가 활동
① 모둠별로 한 줄로 선다.
② 맨 앞의 친구만 선생님을 향해 서고 다른 친구들은 뒤를 돌아보고 선다.
③ 교사가 '-으면 안 돼요'를 활용하여 교실에서 하면 안 되는 행동을 맨 앞의 친구들에게만 전달한다.
④ 학생들은 순서대로 교사가 한 말을 '-으라고 하다'를 사용하여 뒷사람에게 전달한다.
⑤ 맨 뒤의 사람이 전달 받으면 교사에게 와서 말을 전달한다.
⑥ 제일 먼저 말을 전달한 모둠이 점수를 얻는다.

4 적용 – 5분

1) 교실에서 선생님께서 하신 말 중에서 가장 기억에 남는 말을 떠올려 3번에 쓰게 한다.

🔵 여러분의 선생님은 평소에 어떤 말씀을 자주 하시나요? 선생님께서 하신 말씀 중에 기억에 남는 말을 두 가지 써 봅시다.

2) 3번에 쓴 내용을 친구들에게 발표하도록 한다.

5 정리 – 2분

1) 배운 표현으로 엄마가 하신 말씀을 전달하는 말을 짝과 함께 말해 보도록 한다.

🔵 엄마가 하신 말씀을 친구에게 전달해 봅시다.

2) 차시 예고를 한다.

🔵 다음 시간에는 급식실에서 지켜야 할 규칙에 대해 알아보도록 하겠습니다.

🔵 (첫 번째 그림을 보며) 이 학생이 어떤 행동을 했어요? 그래서 선생님이 뭐라고 하셨어요?

🔵 (두 번째 그림을 보며) 이 학생이 어떤 행동을 했어요? 그래서 선생님이 뭐라고 하셨어요?

🔵 (세 번째 그림을 보며) 이 학생이 어떤 행동을 했어요? 그래서 선생님이 뭐라고 하셨어요?

🔵 (네 번째 그림을 보며) 이 학생이 어떤 행동을 했어요? 그래서 선생님이 뭐라고 하셨어요?

2) 익힘책 54쪽 1번, 2번, 3번, 55쪽 4번, 5번을 풀게 한다.

※ 유의점: '-는다고 하다'와 '-으라고 하다'를 모두 학습해야 교재 93쪽 2번, 3번을 풀 수 있기 때문에 익힘책 54쪽, 55쪽을 모두 하는 것이 좋다.

문법 지식

-는다고 하다
· 다른 사람이 말한 진술을 인용하거나 전달할 때 쓴다.

3차시 급식실에서 지켜야 할 규칙

· **주요 학습 내용**

> 어휘
> 손을 씻다, 줄을 서다, 차례대로, 급식을 받다, 수저, 식판
>
> 문법 및 표현
> -고 나서

· **학습 목표**
· 급식실에서 지켜야 할 규칙을 말할 수 있다.

1 도입 – 3분

1) 급식실에서 지켜야 할 규칙에 대해 이야기하며 자연스럽게 학생들의 관심을 유도한다.

> 🔲 급식실에서 지켜야 할 규칙에는 어떤 것들이 있을까요?

2 제시, 설명 – 15분

1) 익힘책 56쪽 1번을 풀게 한다.

> 🔲 (1번 그림의 ①~⑥을 가리키며)
> 무엇을 하고 있어요?
> 언제 해야 하는 행동이에요?

2) 교재 1번의 급식 안내문을 학생들에게 읽어 준다.

3) 급식 안내문을 학생들 스스로 소리 내어 읽게 한다.

4) 급식을 먹는 순서를 교사의 질문에 따라 다 같이 말하도록 한다.

> 🔲 제일 먼저 해야 하는 일은 뭐예요?
> 손을 씻은 뒤에는 무엇을 해요?
> 줄을 선 뒤에는 무엇을 해요?
> 급식을 받고 나서 무엇을 해요?
> 급식을 먹고 나서 무엇을 해요?

5) 그다음 행동을 떠올려 말해 보게 한다.

> 🔲 수저와 식판을 정해진 곳에 놓고 나서는 무엇을 할까요?

어휘 지식	
손을 씻다 [소늘 씯따]	팔목 끝에 있으며 무엇을 만지거나 잡을 때 쓰는 몸의 부분의 때나 더러운 것을 없애 깨끗하게 하다. 🔲 손을 깨끗하게 씻었어요. 비누칠을 해서 손을 씻으세요.
줄을 서다 [주를 서다]	사람이 길게 늘어서 줄을 짓다. 🔲 버스를 타려고 줄을 길게 섰다. 물건을 사기 위해 줄을 섰다.
차례대로	어떤 일을 하거나 어떤 일이 일어나는 순서. 🔲 한 사람씩 차례대로 차를 타세요. 차에서 내릴 때는 차례대로 한 사람씩 내리세요.
급식을 받다 [급씨글 받따]	학교에서 점심시간에 학생들에게 주는 식사를 받다. 🔲 제일 먼저 급식을 받았다. 줄을 서서 급식을 받으세요.

---

3 급식실에서 지켜야 할 규칙

1. 글을 읽고 내용을 알아봅시다.

학교 급식, 이렇게 해요.

급식실에 가기 전에 손을 씻습니다. 그리고 줄을 섭니다. 차례대로 급식을 받고 나서 친구들과 맛있게 먹습니다. 급식을 먹고 나서 수저와 식판을 정해진 곳에 놓습니다. 그리고 _____.

1) 빈칸에 들어갈 내용을 말해 보세요.

2) 위의 그림을 보면서 급식 순서를 말해 보세요.

94 · 의사소통 한국어 3

94

수저	숟가락과 젓가락. 🔲 상에 수저를 놓았다. 수저를 사용해서 밥을 먹는다.
식판	밥, 국, 서너 가지의 반찬을 담을 수 있게 칸을 나누어 만든 쟁반. 🔲 식판을 들고 저쪽에 가서 서세요. 밥을 다 먹은 다음에 식판은 저쪽에 두세요.

3 연습 – 15분

1) 1번의 안내문을 순서에 따라 1의 그림과 함께 살펴보게 한다.

> 🔲 첫 번째 그림은 무엇을 하고 있어요?
> 두 번째 그림은 무엇을 하고 있어요?

2) 2번 〈보기〉의 예시를 보며 선생님을 따라 읽게 한다.

> 🔲 급식을 먹을 때 제일 먼저 하는 일은 뭐예요?
> 🔲 손을 씻고 나서 해야 하는 일은 뭐예요?
> 🔲 함께 따라 읽어 봅시다.
> 손을 씻고 나서 줄을 섭니다.

76 · 의사소통 한국어 교사용 지도서 3

손을 씻다, 줄을 서다,
차례대로, 급식을 받다.
수저, 식판

-고 나서

2. 〈보기〉와 같이 문장을 완성해 볼까요? 그리고 소리 내어 읽어 봅시다.

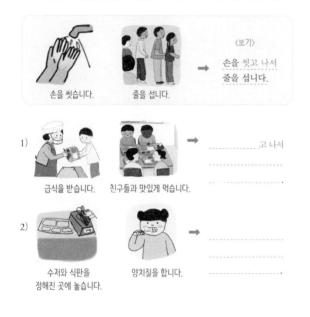

〈보기〉
손을 씻고 나서
줄을 섭니다.

손을 씻습니다.　　줄을 섭니다.

1) 급식을 받습니다.　친구들과 맛있게 먹습니다.　→ ....고 나서
　　　　　　　　　　　　　　　　　　　　　　　　....................................

2) 수저와 식판을　양치질을 합니다.　→ ....
　정해진 곳에 놓습니다.　　　　　　　....................................

3. 급식을 먹고 나서 무엇을 해요? 밑줄 그은 부분에 여러분이 하는 일을
써 봅시다.

　급식을 먹고 나서 ....

5. 규칙 • 95

95

문법 지식

-고 나서

· 어떤 행위를 끝냄을 나타내는 표현으로 동사에 붙어 앞 절의
행위를 끝내고 뒤 절의 행위를 하거나 어떤 상황이 이루어
짐을 나타낸다. 주로 '-고 나서', '-고 나니', '-고 나면' 등과
같은 형태로 문장에서 사용된다.

	조건	형태	예시
①	받침○	-고 나서	찾고 나서, 앉고 나서, 만들고 나서
②	받침✕	-고 나서	보고 나서, 가고 나서, 사고 나서

· '-고 나서'는 동사와 결합하고, 어떤 동사가 와도 형태가
변하지 않는다.

4 적용 – 5분

1) 급식을 먹고 나서 하는 행동을 떠올린 뒤 3번에 쓰게
한다.
　🔵 여러분은 급식을 먹고 나서 무엇을 해요?
　🔵 급식을 먹고 나서 하는 일은 무엇인지 써 봅시다.

　　※ 유의점: 양치질을 한다는 내용 이외에 할 수 있는 다양한 행
　　　동이나 일을 말해 보도록 한다.

2) 3번 밑줄 그은 부분에 쓴 내용을 친구들에게 발표하게
한다.
　🔵 급식을 먹고 나서 하는 일은 무엇인지 친구들에게 발표해
　　봅시다.

5 정리 – 2분

1) 오늘 배운 표현인 '-고 나서'를 사용하여 일의 순서를
나타내는 문장을 한 가지씩 말하도록 한다.
　🔵 저녁을 먹고 나서 무엇을 하는지 말해 봅시다.

2) 차시 예고를 한다.
　🔵 다음 시간에는 박물관에서 지켜야 하는 규칙에 대해 이야
　　기할 거예요. 어떤 규칙이 있는지 생각해 오세요.

3) 익힘책 57쪽 2번, 3번, 4번을 풀게 한다.

　※ 유의점: 교사가 순회 지도하면서 학생들의 쓰기 활동을 살
　　펴본다. 동사의 기본형을 생각하며 '-습니다'를 '-고 나서'
　　의 형태로 바꾸는 것을 확인한다.

4) 완성한 문장을 다 같이 큰 소리로 읽어 보게 한다.
　🔵 '급식을 받습니다.'와 '친구들과 맛있게 먹습니다.'를 한 문
　　장으로 만들어 봅시다.
　🔵 '수저와 식판을 정해진 곳에 놓습니다.'와 '양치질을 합니
　　다.'를 한 문장으로 만들어 봅시다.

5단원 규칙 • 77

· 주요 학습 내용

어휘
박물관, 견학을 가다, 도시락을 싸다, 시끄럽다, 떠들다,
필기도구를 챙기다

준비물
듣기 자료

· 학습 목표
· 박물관에서 지켜야 할 규칙을 설명할 수 있다.

1 도입 – 5분

1) 이번 단원에서 배운 내용을 기억하고 있는지 확인한다.
    🙋 공원에서는 어떤 것을 하면 안 돼요?
    🙋 급식 시간에 손을 씻고 나서는 무엇을 해요?

2 제시, 설명 – 7분

1) 타이선과 장위의 대화를 듣고 대화 내용을 확인한다.

듣기 자료 🔊 14
타이선: 장위, 아직도 아파?
장위: 이제 괜찮아. 많이 나았어.
타이선: 할 말이 있어서 전화했어.
장위: 뭔데?
타이선: 선생님께서 내일 박물관에 견학을 갈 거라고 하셨어.
장위: 그럼, 도시락을 싸야 해?
타이선: 아니. 견학 갔다 온 다음에 학교에서 급식을 먹는다
        고 하셨어.
장위: 다른 내용은 없어?
타이선: 박물관에서는 뛰어다니거나 시끄럽게 떠들면 안 된
        다고 하셨어. 그리고 필기도구를 챙겨 오라고 하셨어.

🙋 타이선는 왜 장위에게 전화를 했어요?
🙋 타이선이 내일 어디에 간다고 했어요?
🙋 박물관에서 지켜야 할 규칙은 뭐라고 했어요?
🙋 장위는 무엇을 준비해 가야 해요?

어휘 지식

박물관	유물이나 예술품을 수집, 보관, 전시하여 사람들이 보거나 연구할 수 있게 하는 시설. 📌 어린이를 위한 역사박물관이 있다. 경찰박물관에 가면 경찰 체험을 할 수 있다.
견학을 가다 [견하글 가다]	어떤 일과 관련된 곳을 직접 찾아가서 보고 배우기 위해 한 곳에서 다른 곳으로 장소를 이동하다. 📌 박물관 견학을 갔다. 단체로 견학을 갔다.

박물관에서
4 지켜야 할 규칙

1. 타이선과 장위의 대화를 듣고 물음에 답해 봅시다. 🔊 14

    1) 타이선이 내일 어디에 간다고 했어요?

    2) 박물관에서 지켜야 할 규칙은 뭐라고 했어요?

    3) 무엇을 준비해서 가야 해요?

2. 타이선과 장위의 대화를 다시 들어 봅시다. 🔊 14

    1) 대화를 듣고 밑줄 그은 부분에 들어갈 말을 쓰세요.

장위, 아직도 아파?

이제 괜찮아. 많이 나았어.

할 말이
있어서 전화했어.

뭔데?

도시락을 싸다 [도시라글 싸다]	밖에서 식사를 해결할 수 있도록 작은 그릇에 담아 온 음식을 다른 곳으로 옮기기 위하여 상자, 끈, 천 등을 써서 꾸리다. 📌 점심 도시락을 싸 가지고 오세요. 어머니께서 도시락을 싸 주셨다.
시끄럽다	듣기 싫을 만큼 소리가 크고 떠들썩하다. 📌 아이들이 시끄럽게 떠들고 있다. 사람들이 떠드는 소리가 시끄럽다.
떠들다	큰 소리로 시끄럽게 말하다. 📌 아이들이 떠들고 있다. 큰 소리로 떠들지 마세요.
필기도구를 챙기다	종이, 볼펜, 연필 등과 같이 글씨를 쓰는 데 사용하는 여러 종류의 물건을 찾아서 갖추어 놓거나 제대로 갖추었는지 살피다. 📌 필기도구를 챙겨 오세요. 학교 가기 전에 필기도구를 챙겨 놓았다.

3 연습 – 20분

1) 익힘책 58쪽 1번을 풀게 한다.
    🙋 대화를 다시 듣고 밑줄 그은 부분에 들어갈 말을 써 봅시다.

✏️ 박물관, 견학을 가다,
도시락을 싸다, 시끄럽다,
떠들다, 필기도구를 챙기다

① 선생님께서 내일 박물관에 견학을 _____.

② 그럼 도시락을 싸야 해?

③ 아니, 견학 갔다 온 다음에 학교에서 급식을 _____.

④ 다른 내용은 없어?

박물관에서는 뛰어다니거나 시끄럽게 떠들면 _____. 그리고 필기도구를 _____.

2) 친구와 역할을 나누어 대화해 보세요.

3. 박물관에서는 또 어떤 규칙을 지켜야 할까요? 그림을 보고 박물관에서 지켜야 할 주의 사항을 써 봅시다.

📷🚫 박물관에서는 _____ _____ 안 돼요!

5. 규칙 • 97

97

※ 유의점: 학생들이 대화를 완성한 후에 제대로 썼는지 함께 확인해 보도록 한다.

2) 선생님을 따라 대화를 한 번씩 읽어 보게 한다.
🔵 선생님과 함께 타이선과 장위의 대화를 읽어 봅시다.

3) 교실 전체에서 역할을 나누어 연습하도록 한다.
🔵 누가 타이선의 역할을 해 볼까요?
🔵 누가 장위의 역할을 해 볼까요?

4) 짝과 역할을 나누어 대화를 해 보도록 한다.
🔵 짝과 역할을 정하여 대화를 해 봅시다.
그리고 역할을 바꾸어 대화를 해 봅시다.

5) 대화를 친구들 앞에서 실감 나게 발표하게 한다.

④ 적용 – 5분

1) 박물관에서 지켜야 할 규칙과 관련된 3번 그림을 보고 빈칸에 알맞은 말을 쓰게 한다.
🔵 그림이 뜻하는 것은 무엇인가요?

2) 박물관에서 지켜야 할 규칙을 친구들과 다 같이 소리 내어 읽게 한다.
🔵 박물관에서는 어떻게 하면 안 돼요?

3) 이외에 박물관에서 하면 안 되는 행동에는 어떤 것들이 있는지 이야기하게 한다.
🔵 박물관에서는 또 어떤 규칙을 지켜야 할까요? 어떤 행동을 하면 안 되는지 말해 봅시다.

⑤ 정리 – 3분

1) 이 단원에서 배운 표현들을 학생들과 함께 확인해 본다.

2) 선택 차시에서 공부할 내용을 간단히 소개한다.
🔵 다음 시간에는 재미있는 이야기를 읽고 인형 놀이를 할 거예요. 안내문을 읽고 쓰는 수업도 할 거예요.

5차시 역할 놀이 하기

· 학습 목표
· 역할을 정하여 역할 놀이를 할 수 있다.

1 도입 – 3분

1) 그림과 관련된 질문을 하며 본 차시 학습에 대한 흥미를 유도한다.
   선 그림에 나오는 동물들은 뭐예요?
   선 무슨 이야기인 것 같아요?

2 제시, 설명 – 10분

1) 1번 그림의 내용을 살펴보게 한다.
2) 선생님을 따라 역할 놀이의 대본을 한 번씩 읽게 한다.
3) 교실 전체에서 각자 원하는 역할을 나누어 연습하게 한다.
4) 짝과 역할을 나누어 실감 나게 읽게 한다.

3 연습 – 10분

1) 2번 그림 내용을 살펴보도록 한다.
2) 짝과 의논하여 서울 쥐와 시골 쥐의 말을 바꾸어 빈칸에 쓰게 한다.
3) 짝과 역할을 나누어 대화를 연습하게 한다.
4) 역할을 바꾸어 대화를 연습하게 한다.

4 적용 – 15분

1) 〈부록〉의 손가락 인형 만들기 자료를 이용하여 손가락 인형을 만들게 한다.
   ※ 유의점: 가위와 스카치테이프를 준비하여 〈부록〉의 손가락 인형을 가위로 잘라 손가락에 붙인 후에 역할 놀이를 한다. 손가락 대신에 나무젓가락을 활용해도 무방하다.
2) 손가락 인형을 활용하여 대화를 연습하도록 한다.
3) 연습한 대화를 친구들 앞에서 실감 나게 발표하도록 한다.

5 정리 – 2분

1) 역할 놀이를 실감 나게 한 친구들이 누구인지를 말해 보게 한다.
   선 누가 제일 실감 나게 역할 놀이를 했어요?
2) 손가락 인형을 활용한 역할 놀이를 한 후의 소감을 말하게 한다.
   선 손가락 인형으로 역할 놀이를 해 보니까 어땠어요? 재미있었어요?

6 안내문 읽고 쓰기

1. 안내문을 읽어 봅시다.

학교 규칙을 잘 지킵시다!

요즘 학교에서 규칙을 지키지 않는 어린이들이 있습니다.
어린이 여러분! 우리 모두 다 같이 노력해서 아름답고 안전한
나래초등학교를 만들어 봅시다!

○ 이렇게 합시다 ○

1. 복도에서는 오른쪽으로 걸어야 해요.
2. 화단의 꽃을 꺾으면 안 돼요.
3. 계단에서는 뛰지 말고 걸어 다녀야 해요.
4. 운동장에 쓰레기를 버리면 안 돼요.
5. .... 안 돼요.

200○년 ○월 ○일
나래초등학교 교장

1) 교장 선생님께서 왜 안내문을 쓰셨어요?

2) 교장 선생님께서 어떤 학교를 만들자고 하셨어요?

3) 그림을 보고 교장 선생님께서 하신 말씀을 쓰세요.

복도에서는 오른쪽으로 걸어야 해요.			

2. 학교에서 또 어떤 규칙을 지켜야 할까요? 안내문에 들어갈 내용을 써 봅시다.

3. 안내문을 크게 소리 내어 읽어 봅시다.

6차시 안내문 읽고 쓰기

· **학습 목표**
· 안내문을 읽고 쓸 수 있다.

1 도입 – 3분

1) 우리 학교에서 지켜야 할 규칙에는 어떤 것들이 있는지 질문하면서 자연스럽게 본 차시 학습에 관심을 유도한다.

🔵 우리 학교에서 지켜야 하는 규칙들은 뭐예요?

2 제시, 설명 – 15분

1) 선생님이 들려주는 안내문의 내용을 살펴보게 한다.

2) 선생님을 따라 안내문을 소리 내어 읽게 한다.

3) 안내문에 대한 내용 파악을 확인하는 질문을 한다.

🔵 교장 선생님께서 왜 안내문을 쓰셨어요?

🔵 교장 선생님께서는 어떤 학교를 만들어 보자고 하셨어요?

4) 안내문에서 금지한 행동에 밑줄 그어 보게 한다.

5) 1-3) 그림을 보고 교장 선생님께서 하신 말씀을 아래에 쓰게 한다.

3 연습 – 10분

1) 학교에서 지켜야 할 또 다른 규칙에는 어떤 것이 있는지 빈칸에 써 보게 한다.

2) 완성한 안내문을 큰 소리로 읽어 보게 한다.

4 적용 – 10분

1) 금지 행동 띠 빙고 놀이를 한다.

① 교재의 빈 곳에 아래와 같이 6칸을 그린다.

( )(으)면 안 돼요					

② '-으면 안 돼요'의 표현을 사용하여 학교에서 하면 안 되는 행동을 6가지 적는다.

(학생 수준에 따라 그림으로 그리는 것도 허용한다.)

③ 교사가 차례로 안 되는 행동 6가지를 말한다.

④ 교사가 말한 행동이 자신의 빙고 줄의 맨 끝에 있을 때에만 색칠하여 지울 수 있다.

⑤ 먼저 빙고 한 줄을 완성한 학생이 승리한다.

5 정리 – 2분

1) 우리 교실의 규칙을 물어보며 '-으면 안 되다'의 표현을 사용할 수 있도록 한다.

🔵 우리 교실에서는 무엇을 하면 안 돼요?

7 금지 행동 표지판 만들기

1. 친구들이 교실에서 무엇을 하고 있어요? 교실에서 하지 말아야 할 행동을 찾아 붙임 딱지를 붙여 봅시다. 붙임 딱지

친구와 사이좋게 이야기하다

욕을 하며 싸우다

바르게 앉아서 공부하다

수업에 집중하지 않다

바른 자세로 책을 읽다

책상에 엎드려 있다

2. 우리 교실에 필요한 금지 행동 표지판을 만들어 봅시다.

1) 어떤 행동을 하면 안 될까요?

2) 금지 행동 표지판을 완성해 보세요.

_____ 안 돼요.   _____ 안 돼요.

_____ 안 돼요.   _____ 안 돼요.

3. 여러분이 만든 금지 행동 표지판을 친구들과 비교해 봅시다.

7차시 금지 행동 표지판 만들기

• **학습 목표**
• 금지 행동 표지판을 만들고 설명할 수 있다.

1 도입 – 3분

1) 1번의 그림을 살펴보며 본 차시 학습으로 자연스럽게 유도한다.
   신 학생들이 어디에 있어요?
   신 친구들이 교실에서 무엇을 하고 있어요?

2 제시, 설명 – 10분

1) 1번 그림들의 행동을 자세히 살펴보게 한다.
   신 (그림 1과 2를 비교하며)
     교실에서 하면 안 되는 행동은 뭐예요?
   신 (그림 3과 4를 비교하며)
     어떤 행동을 하면 안 돼요?
   신 (그림 5와 6을 비교하며)
     어떤 행동이 안 좋아요?

2) 〈부록〉의 붙임 딱지를 활용하여 하지 말아야 할 행동에 붙여 보게 한다.
   신 하지 말아야 할 행동에 붙임 딱지를 붙여 봅시다.

3 연습 – 15분

1) 우리 교실에는 어떤 금지 행동이 필요할지 떠올려 본 뒤 발표하게 한다.
   신 우리 교실에서는 어떤 행동을 하면 안 돼요?

2) 우리 교실에 필요한 금지 행동 표지판을 완성하게 한다.
   ※ 유의점: 금지 행동을 그림으로 그릴 때 자세하게 그리지 말고 행동의 특징이 잘 드러나게 간단히 그리도록 한다.

4 적용 – 10분

1) 자신이 만든 금지 행동 표지판을 친구들과 비교하게 한다.

2) 친구가 만든 금지 행동 표지판이 무엇인지 말해 보게 한다.
   신 친구는 어떤 행동을 하면 안 된다고 했어요?

5 정리 – 2분

1) 금지 행동 표지판을 만든 소감을 말해 보게 한다.

2) 각 표지판이 교실의 어떤 장소나 상황에서 필요한지 이야기해 보도록 한다.
   신 이 표지판을 어디에 놓으면 좋을까요?

8 생각 넓히기

1. 선생님과 함께 지진이 났을 때 어떻게 행동해야 하는지 살펴봅시다.

지진 때문에 바닥이 흔들리면 탁자 아래로 들어가요.

전기와 가스를 막고 문을 열어요.

엘리베이터를 타지 말고 계단으로 빨리 내려가요.

가방이나 손으로 머리를 보호해요.

운동장이나 공원처럼 넓은 곳으로 가요.

방송을 듣고 행동해요.

2. 지진이 났을 때 어떻게 행동해야 하는지 퀴즈를 풀어 볼까요? 맞으면 ○, 틀리면 × 표시를 해 봅시다.

1) 지진으로 바닥이 흔들리면 탁자 아래로 들어가요.　（　　）
2) 지진이 일어나면 빨리 전기와 가스를 막아요.　（　　）
3) 건물 밖으로 나갈 때는 엘리베이터를 타요.　（　　）
4) 건물 밖에서는 손으로 머리를 보호해야 해요.　（　　）
5) 운동장처럼 넓은 곳으로 가야 해요.　（　　）
6) 방송을 듣고 행동해요.　（　　）

3. 학교에 있을 때 지진이 나면 어떻게 해야 할까요? 〈보기〉에서 찾아 써 봅시다. 그리고 실제로 연습해 봅시다.

〈보기〉　책상　다리　질서　운동장

지진이 나면 _____ 아래로 들어가
책상 _____ 를 꼭 잡습니다.
흔들림이 멈추면 _____ 를 지키며
_____ 으로 대피합니다.

8차시 생각 넓히기

· **학습 목표**
· 지진이 났을 때의 올바른 행동 요령을 알 수 있다.

1 도입 – 3분

1) 학교에서 실시한 지진 대피 훈련을 떠올리며 본 차시에 대해 흥미를 유발할 수 있도록 한다.
   젠 지진을 경험한 적이 있어요?
   　지진이 났을 때 어떻게 했어요?

2 제시, 설명 – 10분

1) 학생들과 함께 1번 그림을 살펴보며 질문을 주고받는다.
   젠 그림은 모두 어떤 상황이 벌어진 뒤 같아요?
   젠 첫 번째 그림에서 남자는 무엇을 하고 있어요?
   　두 번째 그림에서 여자와 남자는 각각 무엇을 하고 있어요?
   　세 번째 여학생은 무엇을 이용해 내려가고 있어요?

2) 지진 대피 행동 요령을 따라 읽게 한다.

3) 다 같이 지진 대피 행동 요령을 소리 내어 읽게 한다.

3 연습 – 10분

1) 지진이 일어났을 때의 행동에 대한 질문을 함께 소리 내어 읽게 한다.

2) 2번 문제를 다시 살펴보며 지진이 일어났을 때의 행동으로 맞으면 ○, 틀리면 ×를 표시하도록 한다.

3) 정답을 함께 확인하고 틀린 문제는 바르게 고치게 한다.

4 적용 – 15분

1) 학교에 지진이 일어난다면 어떤 순서로 대피해야 할지 이야기를 나눈다.

2) 3번 그림을 보고 학교에 지진이 일어났을 때의 대피 요령을 생각하여 빈칸에 알맞은 말을 쓰게 한다.
   젠 지진이 나면 어떻게 해야 해요?
   　흔들림이 멈추면 어떻게 해야 해요?

3) 3번 빈칸에 알맞은 말을 넣고 다 같이 읽어 보게 한다.

4) 글의 행동 요령대로 실제 지진이 일어난 상황을 가정하여 연습해 보도록 한다.

5 정리 – 2분

1) 집에서 지진이 난다면 가장 먼저 해야 할 행동이 무엇인지 말해 보도록 한다.
   젠 집에서 지진이 나면 제일 먼저 어떤 일을 해야 해요?

6단원 • 통신

단원의 개관

이 단원의 목표는 학생들이 전화를 사용하여 의사소통을 할 수 있고, 인터넷상에서 지켜야 하는 예절을 알고 지킬 수 있는 것이다. 이를 위해 전화, 휴대 전화, 문자 메시지 보내기, 인터넷 예절에 관한 어휘를 배우고 말을 전달하는 문법을 배울 것이다.

학습 목표	• 전화를 사용하여 의사소통을 할 수 있다. • 인터넷에서 지켜야 하는 예절을 알고 지킬 수 있다.						
주제	장면		기능	문법	어휘	문화	담화 유형
	일상생활	학교생활					
통신	전화	휴대 전화	전화 통화하기 휴대 전화로 통신하기	-거든 -어 달라고 하다 -으면 어떡해 -어야지	전화 관련 어휘	그림말	전화 대화 인터넷 대화 문자 메시지
	휴대 전화 사용 예절	인터넷 대화 예절					

● 차시 전개 과정

차시	차시 제목	성격	학습 내용	교재 쪽수	익힘책 쪽수
1	전화	필수	• '-거든'을 사용하여 전화할 때 사용하는 표현을 말할 수 있다	108	62
2	휴대 전화	필수	• '-어 달라고 하다'를 사용하여 부탁 받은 일을 전달할 수 있다.	110	64
3	인터넷 대화 예절	필수	• '으면 어떡해', '-어야지'를 사용하여 인터넷 대화 예절에 대해 말할 수 있다.	112	66
4	휴대 전화 사용 예절	필수	• 휴대 전화 사용 예절에 대해 말할 수 있다.	114	68
5	휴대 전화로 할 수 있는 일	선택	• 휴대 전화로 할 수 있는 일을 듣고 이야기할 수 있다.	116	-
6	문자 메시지 읽고 쓰기	선택	• 문자 메시지를 읽고 예절에 맞게 문자 메시지를 쓸 수 있다.	118	-
7	기사 읽고 말하기	선택	• 기사를 읽고 내 생각을 말할 수 있다.	120	-
8	생각 넓히기	선택	• 그림말의 좋은 점과 주의할 점을 알고 이를 사용하여 쪽지를 쓸 수 있다.	122	-

● 단원 지도상의 유의점

◆ 학생들 중 휴대 전화를 가지고 있지 않은 학생도 있으므로 본인의 휴대 전화를 가정하고 활동하지는 않도록 한다. 이 단원의 학습으로 인해 학생들이 부모님께 휴대 전화를 사 달라고 조르지 않도록 충분히 지도하도록 한다.

◆ 휴대 전화의 기능 자체보다는 휴대 전화 사용 예절, 인터넷 사용 예절을 알고 말할 수 있도록 하는 데 이 단원의 중점이 있다.

◆ 어휘나 표현에 대한 지식은 '어휘 지식'으로, 체언이나 용언에 결합하는 조사나 문형은 '문법 지식'으로 구분하여 제시한다.

1차시 전화

· 주요 학습 내용

어휘
전화를 걸다, 벨이 울리다, 전화를 받다, 통화하다, 전화를 바꿔 주다, 안부를 묻다, 전화를 끊다, 국제 전화

문법 및 표현
-거든

준비물
듣기 자료

· 학습 목표

· '-거든'을 사용하여 전화할 때 사용하는 표현을 말할 수 있다.

① 도입 – 3분

1) 도입 그림을 보고 간단한 질문과 설명을 한다.

> 🔵 전화나 휴대 전화를 사용해 본 적이 있어요?

2) 교재에 나온 도입 질문을 한다.

> 🔵 휴대 전화로 어떤 일을 할 수 있어요?
>
> 🔵 문자 메시지를 보낼 때 지켜야 하는 예절에는 어떤 것이 있어요?

3) 이번 단원을 배우면 전화를 사용하여 의사소통을 할 수 있고, 인터넷상에서 지켜야 하는 예절을 알고 말할 수 있다고 설명한다.

4) 1차시에 배울 내용을 안내한다.

> 🔵 전화와 관련해서는 어떤 말들이 있을까요? 선생님이 하는 동작들을 보고 맞혀 보세요. (전화를 거는 모습, 전화를 받는 모습, 통화하는 모습 등을 동작으로 보여 준다.)
>
> 🔵 전화할 때 사용하는 표현들을 배워서 전화를 해 보도록 해요.

② 제시, 설명 – 15분

어휘 지식

전화를 걸다	전화를 하다. 🔘 경찰서에 전화를 걸어 도움을 요청했다. 할머니께 자주 안부 전화를 걸었다.
벨이 울리다	소리를 내다. 🔘 벨이 울리면 얼른 전화를 받아. 전화벨이 울려서 받으려고 했는데 끊겼어.
전화를 받다	다른 사람이 건 전화를 가지다. 🔘 집에 가는 길에 엄마에게서 전화를 받았어. 전화를 못 받아서 내가 다시 걸었어.
통화하다	전화로 말을 주고받다. 🔘 친구와 통화하다. 자주 통화하면서 안부를 물어야 해.

---

① 전화

1. 전화할 때 사용하는 표현을 알아봅시다.

  1) 사람들이 무엇을 하고 있어요?

  2) 전화 표현을 따라 쓰고 읽어 보세요.

전화를 걸다

벨이 울리다

여보세요.
전화를 받다
통화하다

전화를 바꿔 주다

할머니, 그동안 안녕하셨어요?
안부를 묻다

전화를 끊다.

전화를 바꿔 주다	전화를 할 때 전화를 다른 사람에게 넘기거나 다른 사람에게 전화를 받게 하다. 🔘 서영이에게 전화를 바꿔 주세요. 전화를 바꿔 드릴 테니 잠시만 기다리세요.
안부를 묻다	어떤 사람이 편안하게 잘 지내는지에 대한 소식을 묻다. 🔘 안부를 물으려고 전화를 했다. 전학 간 친구의 안부를 물었다.
전화를 끊다 [전화를 끈타]	전화로 말이나 생각을 주고받는 일을 중단하다. 🔘 전화를 끊고 나니 화가 났다. 시간이 없어서 전화를 끊었다.
국제 전화	다른 나라에 있는 사람들과 주고받는 전화. 🔘 외국에 출장 가신 아버지가 국제 전화를 거셨다. 국제 전화는 요금이 비싸다.

문법 지식

-거든

· 질문에 대한 대답 또는 앞의 내용에 대한 이유, 사실 등을 설명하듯 말하거나 뒤에 이야기가 계속 이어짐을 나타내는 어미.

전화를 걸다, 벨이 울리다, 전화를 받다, 통화하다, 전화를 바꿔 주다, 안부를 묻다, 전화를 끊다, 국제 전화

-거든

2. 듣고 말해 봅시다. 15

1) 대화를 잘 듣고 서영이가 내일 할 일을 말해 보세요.

2) 할머니의 질문에 서영이처럼 답해 보세요.

내일은 뭐 하니?

내일 엄마랑 박물관에 가요. 학교에 안 가는 날이거든요.

<보기>
① 생일 파티, 친구 생일이다
② 도서관, 책을 빌려야 하다
③ 친구 집, 모둠 숙제를 해야 하다

3. 친구와 함께 전화를 해 본 경험을 이야기해 봅시다.

너는 전화를 자주 해?

응, 난 국제 전화를 자주 해. 할머니, 할아버지께서 다른 나라에 사시거든.

예 영수: 왜 항상 식사 때 김치를 먹어요?
선생님: 난 밥 먹을 때 꼭 김치 반찬이 있어야 하거든.
순이: 어떻게 입어 보지도 않고 옷이 크다는 것을 알았어요?
영수: 이 집 옷은 좀 크게 나오거든.
왜 그 사람이어야 하느냐면 그 사람이 가장 정직한 사람이거든.
직장 동료들이 그를 싫어해. 술버릇이 나쁘거든.

· '요'가 붙어 높임 표현 '-거든요'가 된다.

1) 1번에서 전화할 때 사용하는 표현을 말해 보도록 한다.

🔴 누가 누구하고 통화를 해요?

🔴 그림 옆에 적혀 있는 표현을 따라 써 보고 선생님을 따라 읽어 보세요.

🔴 (전화를 걸다) '전화를 걸다'는 어떤 동작인지 해 볼까요?
('벨이 울리다, 전화를 받다/통화하다, 전화를 바꿔 주다, 안부를 묻다, 전화를 끊다'도 같은 방식으로 진행하며 뜻을 알 수 있도록 한다.)

3 제시, 연습 - 10분

1) 2번 '듣고 말해 봅시다.'를 듣는다.

듣기 자료 🔊 15
서영: 할머니 그동안 안녕하셨어요?
할머니: 그래, 할머니는 잘 있지. 우리 서영이는 요즘 밥 잘 먹니?
서영: 네, 할머니. 저녁도 많이 먹었어요.
할머니: 아이고, 잘했네. 내일은 뭐 하니?
서영: 내일 엄마랑 박물관에 가요. 학교에 안 가는 날이거든요.

🔴 잘 듣고 서영이가 내일 할 일을 말해 보세요.
(답하지 못한다면 한 번 더 들어 보도록 한다.)

🔴 할머니께서 뭐라고 물으셨어요?

🔴 할머니의 질문에 서영이는 뭐라고 대답했어요?

🔴 서영이처럼 대답해 보세요. 첫 번째는 어디에 가요?
왜 가요?

※ 유의점: '-거든'의 높임 표현은 '-거든요'이다. 주어진 상황에서는 대화 상대가 할머니이기 때문에 높임 표현을 사용하는 것임을 알려 준다.

2) 주어진 상황들을 활용하여 친구에게 말하는 연습을 해본다.

🔴 이번에는 친구에게 묻고 답해 볼까요? 내일 뭐 해?

4 적용 -10분

1) 3번처럼 전화를 해 본 경험을 친구와 이야기하도록 한다.

🔴 전화를 해 본 적이 있어요? 왜 전화했는지도 말할 수 있어요?

2) 다양한 이유를 들어 말할 수 있도록 질문을 주고받기 전에 먼저 충분히 이야기를 나누도록 한다.

3) 짝과 서로 질문을 하고 답하도록 한다.

🔴 언제 전화를 자주 해?
왜 전화를 자주 해?

※ 유의점: 그냥 전화에 관한 이야기를 나누는 것이 아니라 이유를 묻고 답하는 것에 초점을 두도록 한다. 왜 혹은 언제 전화를 자주 하는지 물어 그 이유까지 말하도록 한다.

※ 심화 보충: 2번처럼 친구, 가족 등과 전화 통화하는 상황을 역할극으로 꾸며 보도록 한다. 궁금한 점을 묻고 답할 수 있도록 하여 배운 내용을 적용하도록 안내한다.

5 정리 - 2분

1) 배운 어휘들을 사용해서 전화를 하는 상황을 표현해 본다.

🔴 지금부터 전화를 걸 때부터 끊을 때까지 어떤 일들이 있는지 말해 볼까요?

2) 다음 시간에는 휴대 전화에 대해 배울 것임을 안내한다.

3) 익힘책 62~63쪽을 풀게 한다.

2차시 휴대 전화

• **주요 학습 내용**

> 어휘
> 휴대 전화, 문자 메시지
>
> 문법 및 표현
> -어 달라고 하다
>
> 준비물
> 듣기 자료

• **학습 목표**

• '-어 달라고 하다'를 사용하여 부탁 받은 일을 전달할 수 있다.

① 도입 – 3분

1) 오늘 배울 내용을 안내한다.

🔴 휴대 전화를 사용하는 친구가 있어요? 휴대 전화로 주로 뭘 많이 해요?

② 제시, 설명 – 12분

어휘 지식	
휴대 전화	손에 가지고 다니면서 사용할 수 있는 작은 무선 전화기. 예 휴대 전화가 고장 나서 휴대 전화를 바꾸기로 했다. 휴대 전화로 바로 전화했어.
문자 메시지	휴대 전화를 통해 간단하고 신속하게 문자 언어를 주고 받을 수 있는 매체. 예 친구에게 숙제를 물어보려고 문자 메시지를 보냈다. 문자 메시지를 보낼 때는 예의를 지켜야 한다.

1) 1번의 그림을 가리키며 질문을 통해 어휘를 학습하도록 한다.

🔴 이 버튼은 뭐예요? 이 버튼으로는 뭘 할 수 있어요?

2) 듣기 자료를 듣고 물음에 답하게 한다.

> **듣기 자료 🔵 16**
>
> 타이선: 유키, 너 휴대 전화 새로 샀어?
> 유키: 응, 아빠한테 생일 선물로 사 달라고 했거든.
> 타이선: 좋겠다. 인터넷도 할 수 있어?
> 유키: 그럼, 이 버튼을 누르면 인터넷이 돼. 이건 문자 보내는
>   버튼이고, 이건 전화하는 버튼이야.
> 타이선: 이건 뭐야?
> 유키: 이건 알람을 맞추는 거야. 알람이 있으면 아침에 일찍
>   일어날 수 있어.
> 타이선: 이건 카메라 버튼이지?
> 유키: 응, 사진 한 장 찍어 줄까?
> 타이선: 그래, 같이 찍자.

🔴 유키와 타이선의 대화를 듣고 다음 질문에 답해 보세요.
🔴 유키와 타이선은 무엇에 대해 이야기하고 있어요?

---

2 휴대 전화

1. 대화를 들어 봅시다. 🔵 16

인터넷: 인터넷을 하다
계산기: 계산하다
문자: 문자를 보내다
전화: 전화를 하다
알람: 알람을 맞추다
카메라: 사진을 찍다
재생 버튼: 노래를 듣다

1) 유키와 타이선은 무엇에 대해 이야기하고 있어요?

2) 알람이 있으면 뭐가 좋아요?

3) 여러분이 휴대 전화로 가장 해 보고 싶은 건 뭐예요?

유키의 새 휴대 전화에 대해 이야기하고 있어요.

🔴 알람이 있으면 뭐가 좋아요?
아침에 일찍 일어날 수 있어요.

🔴 여러분이 휴대 전화로 가장 해 보고 싶은 건 뭐예요?

※ 유의점: 이 차시를 학습하면서 휴대 전화를 꼭 가져야 한다거나 휴대 전화가 있는 친구들을 부러워하도록 하는 것은 적절하지 않다. 다만, 가족들의 휴대 전화를 떠올리며 어떤 기능이 있는지를 확인하는 정도로 진행하도록 하고, 부탁하는 표현을 익히는 데 중점을 둔다.

> **문법 지식**
>
> **-어 달라고 하다**
> • '-아/어 달라고 하다'는 다른 사람의 요청이나 요구를 간접적으로 전달할 때 사용하는 표현이다. 행위의 수혜자가 말하는 사람일 때 사용한다.
>
> 예 유키: 엄마, 우유를 데워 주세요.
>   유키가 엄마에게 우유를 달라고 했어요.
>
>   유키: 다니엘, 숙제를 좀 도와줘.
>   유키는 다니엘에게 숙제를 도와 달라고 했어요.

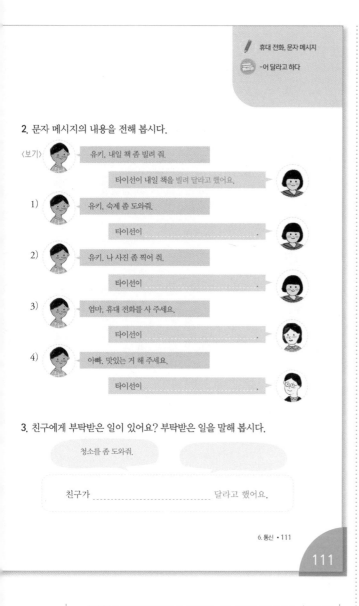

전달하는 상황임을 잘 이해시키고 활동을 진행하도록 한다.

🔲 타이선이 유키에게 뭐라고 말했어요?
숙제 좀 도와 달라고 했어요.

🔲 타이선이 유키에게 뭐라고 말했어요?
사진 좀 찍어 달라고 했어요.

🔲 타이선이 엄마에게 뭐라고 말했어요?
휴대 전화를 사 달라고 했어요.

🔲 타이선이 아빠에게 뭐라고 말했어요?
맛있는 거 해 달라고 했어요.

2) 친구와 부탁하는 말을 하고 이를 전해 보도록 한다.

🔲 친구에게 부탁하는 말을 해 보세요. 들은 사람은 그 말을 친구들에게 전해 보세요.

※ 심화 보충: 4단원에서 공부한 '-냐고 하다', '-자고 하다'와 연결 지어 말을 전하는 세 가지 표현을 모두 사용할 수 있도록 안내한다. 질문, 권유, 부탁하는 문장들을 골고루 주고 이를 적절하게 전달할 수 있도록 하는 활동을 해 본다.

4 적용 – 8분

1) 친구에게 부탁 받은 일을 전해 보도록 한다.

🔲 친구에게 부탁 받은 일이 있어요? 먼저 어떤 부탁들이 있는지 생각해 보세요.

🔲 친구에게 부탁 받은 일을 말해 보세요.

🔲 친구가 뭐라고 말했어요? 청소를 좀 도와줘. 이 말을 다른 사람에게 전해 보세요. 친구가 청소를 좀 도와 달라고 했어요.

※ 유의점: 학생들이 부탁하거나 부탁 받은 내용을 잘 떠올리지 못할 수 있다. 그럴 경우 교실에서 물건을 빌리거나 활동을 도와 달라고 하는 상황들을 구체적으로 제시해 주어 학생들이 그 상황에서 하는 부탁하는 말들을 떠올릴 수 있도록 도와준다.

※ 심화 보충: 휴대 전화를 가진 친구에게 부탁하고 싶은 일을 말해 보고, 이를 들은 친구는 이 말을 전하는 활동을 해 보도록 한다.

📩 ① 휴대 전화로 사진 좀 찍어 줘.
→ ○○이가 휴대 전화로 사진을 찍어 달라고 했어요.
② 휴대 전화로 노래를 좀 들려줘.
→ ○○이가 휴대 전화로 노래를 좀 들려 달라고 했어요.

5 정리 – 2분

1) 학생들이 오늘 배운 어휘와 '-어 달라고 하다' 문법을 잘 알고 있는지 확인한다.

2) 다음 시간에는 인터넷 대화 예절에 대해 배울 것이라고 안내한다.

3) 익힘책 64~65쪽을 풀게 한다.

※ 심화 보충: 4단원 82~83쪽의 이야기를 다시 읽고, 유키가 로봇에게 해 달라고 한 일들을 말해 보도록 하는 활동을 할 수 있다.

	조건	형태	예시
①	ㅏ, ㅗ	-아 달라고 하다	휴대 전화를 사 달라고 했어요.
②	ㅏ, ㅗ 이외	-어 달라고 하다	볶음밥을 만들어 달라고 했어요.
③	하다	해 달라고 하다	설거지를 해 달라고 했어요.

3 제시, 연습 – 15분

1) 2번 문자 메시지의 내용을 짝에게 전해 보게 한다.

🔲 타이선이 뭐라고 말했어요? 타이선이 내일 책을 빌려 달라고 했어요.

(다음 문장들도 묻고 전하는 말을 해 보도록 한다. 먼저 말로 답해 보고 쓰도록 한다.)

※ 유의점: 학생들이 말을 전하는 게 아니라 타이선이 한 말을 그대로 따라 읽을 수도 있다. 타이선과 유키가 대화를 하는 게 아니라 타이선의 말을 듣고 유키가 다른 사람에게 말을

· 주요 학습 내용

> **어휘**
> 인터넷, 인터넷 예절, 짜증이 나다, 따돌리다, 맞춤법, 댓글, 욕을 하다
>
> **문법 및 표현**
> -으면 어떡해, -어야지

· 학습 목표

· '-으면 어떡해', '-어야지'를 사용하여 인터넷 대화 예절에 대해 말할 수 있다.

1 도입 - 3분

1) 인터넷을 사용해 본 경험, 인터넷 대화를 하면서 기분이 상했던 경험이 있으면 말해 보도록 한다.

2) 인터넷에서 대화를 할 때 좋았던 점과 좋지 않았던 점을 이야기해 보도록 한다.

3) 이번 시간에는 인터넷에서 대화를 할 때 지켜야 할 예절에 대해서 배울 것이라고 안내한다.

2 제시, 설명 - 15분

어휘 지식

인터넷	전 세계의 컴퓨터가 서로 정보를 교환할 수 있도록 연결된 하나의 거대한 컴퓨터 통신망. 📙 인터넷으로 검색하다. 인터넷에 홈페이지를 만들 수 있어.
(인터넷) 예절	사람이 사회생활에서 지켜야 하는 바르고 공손한 태도나 행동. 📙 인터넷 예절을 잘 지켜야 해. 바른 인터넷 예절 지키기를 꼭 실천해요.
짜증(이 나다)	마음에 들지 않아서 화를 내거나 싫은 느낌을 겉으로 드러내는 일. 또는 그런 성미. 📙 소리를 지르면서 짜증을 냈다. 왜 이렇게 짜증 나게 해?
따돌리다	밉거나 싫은 사람을 따로 떼어 멀리하거나 괴롭히다. 📙 친구를 따돌리는 건 나쁜 일이야. 나만 따돌리고 너희끼리 놀러 간 거야?
맞춤법 [맏춤뻡]	한 언어를 글자로 적을 때에 지켜야 하는 정해진 규칙. 📙 맞춤법에 맞게 글을 써야지. 다른 사람 글을 보면서 맞춤법에 어긋나는 글자를 찾아보자.
댓글 [대ː끌/댇ː끌]	어떤 사람이 인터넷에 올린 글에 대하여 다른 사람이 짤막하게 답하여 올리는 글. 📙 댓글을 달 때는 신중해야 해. 댓글이 엄청 많이 달렸어.
욕(을 하다)	남을 무시하거나 비난하는 상스러운 말. 📙 욕을 듣고 인상을 찌푸렸다. 화가 났다고 욕을 하면 안 돼.

3 인터넷 대화 예절

1. 인터넷에서의 대화를 읽어 봅시다.

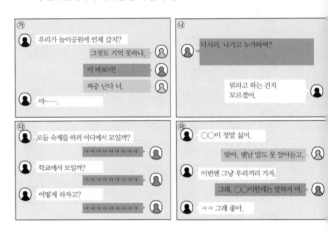

1) 위의 대화에서 어떤 부분이 문제인지 생각해 보세요.

2) 다음 설명과 관계있는 대화창 번호를 쓰세요.

> ① 인터넷 대화에서 한 사람을 따돌린다.
>
> ② 질문을 하는데 계속 ㅋㅋㅋㅋ만 한다.
>
> ③ 친구들이 나쁜 말을 하거나 욕을 한다.
>
> ④ 맞춤법이 다 틀렸다.

112 • 의사소통 한국어 3

112

문법 지식

-으면 어떡해

· 연결 어미 '-으면'과 '어떡하다(어떠하게 하다)'가 결합한 것으로, 상대방의 잘못한 행동이나 말에 대해 환기시키거나 나무랄 때 사용할 수 있는 표현이다.

📙 친구에게 화를 내면 어떡해?
학교에 지각을 하면 어떡해?

	조건	형태	예시
①	받침 ○	-으면 어떡해	이 많은 아이스크림을 다 먹으면 어떡해?
②	받침 ✕, ㄹ 받침	-면 어떡해	화를 내면 어떡해?

-어야지

· 상대편에서 주의를 환기시키거나 동의를 구하는 뜻을 나타내는 종결 어미.

📙 늦으면 연락이라도 했어야지.

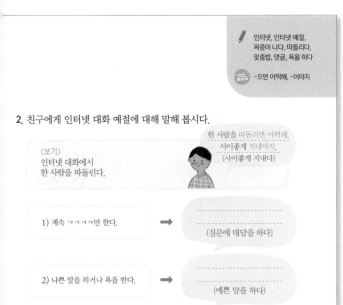

✏️ 인터넷, 인터넷 예절,
짜증이 나다, 따돌리다,
맞춤법, 댓글, 욕을 하다

📖 -으면 어떡해, -아야지

2. 친구에게 인터넷 대화 예절에 대해 말해 봅시다.

〈보기〉
인터넷 대화에서
한 사람을 따돌린다.

한 사람을 따돌리면 어떡해.
사이좋게 지내야지.
(사이좋게 지내다)

1) 계속 ㅋㅋㅋㅋ만 한다. ➡ _____
(질문에 대답을 하다)

2) 나쁜 말을 하거나 욕을 한다. ➡ _____
(예쁜 말을 하다)

3) 맞춤법을 틀리게 쓴다. ➡ _____
(정확하게 쓰다)

3. 댓글을 쓰는 친구에게 하고 싶은 말을 써 봅시다.

누가 쓰는지 모르는데
내 맘대로 쓸 거야.

마음대로 쓰면 어떡해. _____

_____

6. 통신 • 113

113

	조건	형태	예시
①	ㅏ, ㅗ	-아야지	돌아야지, 사야지
②	ㅏ, ㅗ 이외	-어야지	먹어야지, 웃어야지
③	하다	해야지	운동해야지

1) 1번에 제시된 상황들의 대화를 읽어 보게 한다.

2) 각 대화에서의 문제점을 찾도록 한다.

선 ㉮ 대화창에 적힌 대화를 같이 읽어 보세요. 처음에 말을 꺼낸 친구가 기분이 어떨까요? 왜 그런 기분이 들었어요?

선 ㉯ 대화창에서 왜 '뭐라고 하는 건지 모르겠어.'라고 썼을까요?

선 ㉰ 대화창에서는 어떤 기분이 들었을까요? 왜 그런 기분이 들었어요?

선 ㉱ 대화창에서는 친구들이 한 친구에 대해 뭐라고 말하고 있어요? 그 친구가 이걸 알면 어떤 기분이 들까요?

※ 유의점: 각 대화창에서의 문제를 잘 찾지 못할 경우, 2)번의

①~④를 먼저 같이 읽고 의미를 확인한 후 다시 1)번의 대화창들의 문제를 말해 보도록 한다.

3) 친구들의 말과 관계있는 대화창 기호를 쓰도록 한다.

선 먼저 ①~④를 같이 읽어 보세요.

선 ① 인터넷 대화에서 한 사람을 따돌리는 문제를 보인 대화창은 어느 것이에요?

선 ② 질문을 하는데 계속 ㅋㅋㅋㅋ만 한 대화창은 어느 것이에요?

선 ③ 친구들이 나쁜 말을 하거나 욕을 한 대화창은 어느 것이에요?

선 ④ 맞춤법을 다 틀린 대화창은 어느 것이에요?

4) 각 대화창을 보고 인터넷에서 지켜야 할 예절을 말해 보도록 한다.

❸ 제시, 연습 – 8분

1) 2번에서 주어진 상황과 이에 대한 인터넷 대화 예절을 읽어 보도록 한다.

선 인터넷 대화에서 한 사람을 따돌린다. 한 사람을 따돌리면 어떡해. 사이좋게 지내야지.

2) 제시된 내용을 읽고 어떻게 해야 하는지 말풍선에 써 보도록 한다.

선 계속 ㅋㅋㅋㅋ만 한다. ( ) 안에 적힌 말을 참고해서 말해 보세요. 계속 ㅋㅋㅋㅋ만 하면 어떡해. 질문에 대답을 해야지.

선 나쁜 말을 하거나 욕을 한다. ( ) 안에 적힌 말을 참고해서 말해 보세요.

선 맞춤법을 틀리게 쓴다. ( ) 안에 적힌 말을 참고해서 말해 보세요.

※ 유의점: ( ) 안에 적힌 말은 학생들이 생각하지 못할 것에 대비한 예시이므로 각자 하고 싶은 말이 있는지도 물어보도록 한다. 의미상 틀리지 않다면 자신이 생각한 답도 허용한다.

❹ 적용 – 12분

1) 3번에서는 댓글을 쓸 때 어떤 마음이 드는지 이야기해 보도록 한다.

선 다른 사람이 쓴 글에 댓글을 달 때 어떻게 해야 할까요? 3번의 친구가 댓글을 쓰면서 뭐라고 말했는지 읽어 보세요.

선 '누가 쓰는지 모르는데 내 맘대로 쓸 거야.'라는 마음으로 댓글을 쓴다면 댓글을 읽는 사람의 기분이 어떨까요?

2) 댓글을 쓰는 친구에게 하고 싶은 말을 써 보도록 한다.

3) 쓴 내용을 발표하면서 내용을 공유한다.

❺ 정리 – 2분

1) 오늘 배운 어휘와 '-으면 어떡해', '-어야지' 문법을 학생들이 잘 알고 있는지 확인한다.

2) 익힘책 66~67쪽을 풀게 한다.

· 주요 학습 내용

> 어휘
> 끄다, 수업 시간, 꺼내다, 길을 걷다

· 학습 목표

· 휴대 전화 사용 예절에 대해 말할 수 있다.

1 도입 – 3분

1) 휴대 전화를 사용해 본 경험을 이야기하게 한다.

2) 다른 사람이 휴대 전화를 사용하면서 자신을 불편하게 한 경험이 있으면 이야기해 보게 한다.

  ※ 유의점: 경험을 잘 떠올리지 못하면 1번 그림을 보고 어떤 상황인지 생각해 보도록 한다.

2 제시, 설명 – 15분

어휘 지식	
끄다	전기나 기계를 움직이는 힘이 통하는 길을 끊어 전기 제품 등을 작동하지 않게 하다. 예 낮에는 전등불을 꺼 두면 전기를 아낄 수 있어. 텔레비전 끄고 자러 가. 참) 반대말: 켜다
수업 시간	교사가 학생에게 지식이나 기술을 가르쳐 주는 시간. 예 수업 시간 끝나고 운동장에서 놀자. 선생님은 수업 시간에 열심히 가르쳐 주셨다.
꺼내다	안에 있는 물건을 밖으로 나오게 하다. 예 가방에서 책을 꺼내다. 필통에서 연필을 꺼내다.
길을 걷다 [기를 걷따]	바닥에서 발을 번갈아 떼어 옮기면서 움직여 위치를 옮기다. 예 길을 오래 걸었더니 다리가 아프다. 기분이 안 좋을 때는 혼자 길을 걸어 봐.

1) 1번 그림을 보며 상황을 파악하게 한다.

  교 첫 번째 그림은 어디예요? (영화관이에요.)

  어떤 상황인 것 같아요? (영화를 보는 중에 휴대 전화가 울려서 방해가 되었을 것 같아요.)

  왜 유키 옆에 있는 사람들이 쳐다보고 얼굴을 찌푸리고 있을까요?

  학 두 번째 그림은 어디예요? (버스 안이에요.)

  왜 뒷자리에 앉은 친구가 당황한 표정으로 쳐다볼까요? (버스에서 큰 소리로 통화를 하고 있어서 시끄러운 것 같아요.)

  학 세 번째 그림은 어디예요? (교실이에요.)

  선생님이 앞에 계신데, 준서의 휴대 전화가 울리네요. 선생님 기분이 어떨까요?

  (황당하고 기분이 나쁘실 것 같아요.)

  교 네 번째 그림에서 차에 탄 아저씨는 뭐라고 소리쳤을까요?

---

4 휴대 전화 사용 예절

1. 그림을 보고 지켜야 할 일을 〈보기〉에서 골라 봅시다.

1)

2)

3)

4)

〈보기〉	① 영화관에서는 휴대 전화를 꺼 주세요. ② 버스에서는 작은 소리로 통화해 주세요. ③ 수업 시간에는 휴대 전화를 꺼내지 마세요. ④ 길을 걸을 때는 휴대 전화를 보지 마세요.

(길을 가면서 휴대 전화를 보면 안 된다고 소리치셨을 것 같아요.) 왜 그렇게 소리쳤을까요?

(차가 지나가는데도 모르고 휴대 전화를 보고 있으니 위험해서 그러신 것 같아요.)

2) 〈보기〉의 내용을 읽고, 지켜야 할 일을 그림에 연결해 보게 한다.

  교 〈보기〉의 1)~4)를 읽어 보세요.

  교 1)에서 지켜야 할 일은 무엇인지 〈보기〉에서 골라 보세요. 영화관에서는 휴대 전화를 꺼 주세요.

  교 2)에서 지켜야 할 일은 무엇인지 〈보기〉에서 골라 보세요. 버스에서는 작은 소리로 통화해 주세요.

  교 3)에서 지켜야 할 일은 무엇인지 〈보기〉에서 골라 보세요. 수업 시간에는 휴대 전화를 꺼내지 마세요.

  교 4)에서 지켜야 할 일은 무엇인지 〈보기〉에서 골라 보세요. 길을 걸을 때는 휴대 전화를 보지 마세요.

3) 말풍선에 해당 번호(혹은 내용)를 쓰고 다시 읽어 보도록 한다.

2. 휴대 전화를 사용할 때 지켜야 할 일들을 생각해 봅시다.

1) 장소에 따라 지켜야 할 일을 말해 보세요.

학교	영화관	길	미술관	화장실

2) 다음 장소에서 지켜야 할 예절을 써 주세요.

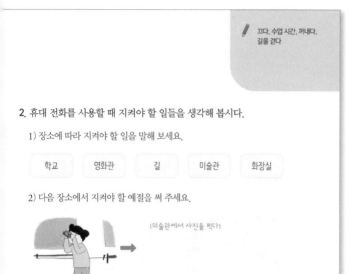

(미술관에서 사진을 찍다)

(화장실에서 시끄럽게 통화하다)

3. 휴대 전화를 잘 사용하는 방법에 대해 생각해 봅시다.

학교에 오면 휴대 전화를
선생님께 내요.

가방에 넣고
꺼내지 않아요.

6. 통신 • 115

115

이런 행동이 다른 사람에게 피해를 줄까요?

어떤 피해를 줘요?

(화장실에 있는 다른 사람들이 불편해져요. 다른 사람을 방해하는 행동이에요.)

그러면 어떻게 행동해야 할까요?

(화장실에서는 작은 소리로 짧게 통화해요. 또는 화장실에서는 가능하면 전화 통화를 하지 않아요.)

※ 유의점: 공공장소에서는 가능한 한 전화 통화를 하지 않는 것이 예절 바른 태도임을 알려 준다. 만약 급한 전화의 경우 조용히 짧게 통화하도록 하고, 개인적인 통화는 개인적인 공간에서 하도록 안내한다.

※ 심화 보충: 제시된 상황 외에도 휴대 전화를 사용하면서 지켜야 할 일들을 더 생각해 보도록 한다. 예를 들어, 버스나 지하철에서 동영상을 소리가 나게 보거나 음악을 큰 소리로 듣는 상황, 다른 사람의 사진을 함부로 찍는 상황도 생각해 볼 수 있다. 이런 상황들을 떠올려 말해 보도록 하고, 어떻게 행동해야 하는지도 함께 이야기하도록 한다.

④ 적용 – 8분

1) 3번에서는 학교에서 휴대 전화와 관련하여 지켜야 할 예절에는 어떤 것이 있는지 이야기해 보게 한다.

2) 그림에 제시된 문제 상황을 확인하게 한다.

선 그림은 어떤 상황이에요?

왜 문제예요?

3) 문제에 대한 해결 방안을 찾아보게 한다.

선 이런 문제를 해결하기 위해서는 어떤 방법이 있어요?

제시된 방법을 먼저 읽어 보세요.

선 다른 방법은 뭐가 있을까요?

※ 유의점: 학생들이 실제로 학교에서 휴대 전화를 사용한 경험이 없더라도 이런 경우 어떻게 하는 게 좋을지 이야기 나눠 보도록 한다. 초등의 경우, 학교에 들어오면서 휴대 전화를 끄게 하는 정도로 지도하는 경우가 많으므로 이를 가장 무난한 방법으로 제시할 수 있을 것이다. 방법 자체를 많이 제시하는 것보다 이 상황이 왜 문제인지를 알고 예절을 지키려는 인식을 갖도록 하는 게 더 중요하다.

⑤ 정리 – 2분

1) 오늘 배운 휴대 전화 사용 예절을 잘 이해하고 있는지를 확인하고 잘 지키겠다고 다짐하도록 한다. 익힘책 69쪽의 4번과 연계하여 활동한다.

2) 익힘책 68~69쪽을 풀게 한다.

---

③ 연습 – 12분

1) 2번에서 휴대 전화를 사용하면서 지켜야 할 일들을 장소에 따라 말해 보도록 한다.

선 학교에서는 휴대 전화를 사용할 때 어떤 점을 지켜야 해요? 영화관, 길, 미술관, 화장실에서 지켜야 할 일들을 말해 보세요.

2) 제시된 그림의 상황에서 지켜야 할 예절을 써 본다.

선 첫 번째 그림은 어떤 상황이에요?

미술관에서 사진을 찍어도 될까요?

미술관이나 박물관에서는 사진을 찍으면 안 돼요.

※ 유의점: 사진 찍는 것을 허용하는 미술관과 박물관도 있다. 그러므로 사진에 대한 지시 사항을 미리 확인해야 한다는 점도 이야기해 주는 것이 좋다. 또 그런 경우에도 플래시를 터뜨리는 것은 전시된 작품을 손상시킬 수 있어서 바른 행동이 아님을 알려 준다.

선 두 번째 그림은 어떤 상황이에요?

화장실인데, 시끄럽게 전화를 하고 있어요.

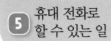

5 휴대 전화로 할 수 있는 일

1. 다니엘과 유키의 대화를 잘 듣고 답해 봅시다. 🔊17

1) 다음 그림들 중에서 유키의 행동을 찾아보세요.

동영상을 보다

댓글을 달다

문자를 보내다

2) 유키는 무엇을 하고 있어요?

3) 다니엘이 이어서 할 말을 〈보기〉에서 골라 보세요.

〈보기〉
① 나도 엄마 휴대 전화로 만화 보는 거 좋아해.
② 댓글은 잘 생각해서 달아야겠다. 다른 사람이 기분 나쁠 수도 있으니까.
③ 문자를 보내는 게 어때?

2. 휴대 전화로 할 수 있는 일에 대해 이야기해 봅시다.

1) 휴대 전화로 할 수 있는 일은 뭐가 있어요?

2) 그림을 보고 〈보기〉처럼 말해 보세요.

〈보기〉
준서: 뭐 해?
유키: 엄마랑 인터넷으로 물건을 사고 있어.

① 인터넷으로 물건을 사요.

② 일기 예보를 봐요.

③ 동영상을 봐요.

④ 전화를 해요.

⑤ 친구와 문자 메시지를 주고받아요.

⑥ 게임을 해요.

3. 여러분은 휴대 전화로 무엇을 제일 많이 해요? 이야기해 봅시다.

저는 _____ 을/를 제일 많이 해요.
왜냐하면 _____

5차시 휴대 전화로 할 수 있는 일

• 학습 목표
• 휴대 전화로 할 수 있는 일을 듣고 이야기할 수 있다.

1 도입 – 3분

1) 휴대 전화로 할 수 있는 일을 말하게 한다.

2 제시, 설명 – 15분

1) 1-1) 그림을 살펴보게 한다.
   📢 휴대 전화로 무엇을 하고 있는 그림이에요?

2) 다니엘과 유키의 대화를 듣고 문제를 해결하게 한다.
   📢 유키는 무엇을 하고 있어요? 유키의 행동을 그림에서 찾아보세요.

3) 다니엘이 이어서 할 말을 찾아보게 한다.
   📢 유키가 마지막에 무엇에 대해 이야기했어요? (댓글)
   📢 그럼 다니엘은 무엇에 대해 이야기했을까요? 〈보기〉①~③을 읽어 보고 다니엘이 이어서 할 말로 알맞은 것을 찾아보세요.

3 제시, 연습 – 12분

1) 휴대 전화로 할 수 있는 일들에 대해서 알아보게 한다.
   📢 휴대 전화로 할 수 있는 일들에는 어떤 것이 있어요?

2) 휴대 전화로 할 수 있는 일들에 대해서 더 생각해 보게 한다.
   📢 휴대 전화로 통화하고, 문자 보내고, 사진 찍는 것들 외에 또 무엇을 할 수 있을까요?
   📢 2-2)번의 그림들을 보세요. ①부터 같이 읽어 보세요.

3) 휴대 전화로 할 수 있는 일을 묻고 답하게 한다.
   📢 〈보기〉를 읽어 보세요. 인터넷으로 물건을 사는 건 ①과 같은 내용이에요. ②번부터 〈보기〉처럼 대화해 보세요.

※ 유의점: 교재에 제시된 것들 외에도 더 많은 기능이 있을 수도 있고, 교재에 제시된 기능들 중에 학생들이 잘 모르는 것이 있을 수도 있다. 이 단원은 휴대 전화 자체에 대해 학습하는 것이 아니라 통신 기기의 하나로 제시한 것이므로 꼭 경험해 봐야 하는 것은 아니다. 다만, 제시된 내용과 관련하여 한국의 학생들과 대화를 나눌 때도 그 내용을 잘 이해할 수 있는 배경지식이 될 것이다.

4 적용 – 8분

1) 휴대 전화로 가장 많이 하는 것과 그 이유를 쓰도록 한다.

2) 쓴 내용을 돌아가며 발표하도록 한다.

5 정리 – 2분

1) 휴대 전화의 기능들 중 하나를 말하고 이를 설명해 보도록 한다.

6 문자 메시지
읽고 쓰기

1. 문자 메시지를 읽어 봅시다.

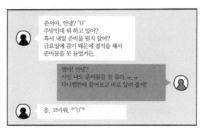

> 준서야, 안녕? ^0^
> 주말인데 뭐 하고 있어?
> 혹시 내일 준비물 뭔지 알아?
> 금요일에 감기 때문에 결석을 해서
> 준비물을 못 들었거든.

> 엠마 안녕?
> 사실 나도 준비물을 잘 몰라.ㅠ.ㅠ
> 다니엘한테 물어보고 바로 알려 줄게!

> 응, 고마워. ^0^

1) 엠마는 왜 금요일에 학교에 못 갔어요?

2) 준서는 준비물이 뭔지 알아요? 그래서 어떻게 할 거예요?

3) 준서가 되어 다니엘에게 문자 메시지를 써 보세요.

> 다니엘, 안녕?

---

2. 타이선이 선생님께 쓴 문자 메시지를 읽고, 타이선이 잘못한 것을 말해 봅시다.

> 선생님, 숙제가 뭐예요?
> 오후 10:49

> 누구지?
> 오후 10:55

> 타이선이에요.
> 숙제 뭐예요?
> 오후 10:56

- 너무 늦게 문자를 보냈어요.
- 자기가 누구인지 먼저 이야기하지 않았어요.
- 인사도 안 하고 자기 할 말만 했어요.

3. 여러분이 타이선이라면 선생님께 어떻게 문자 메시지를 보낼지 써 봅시다.

6차시 문자 메시지 읽고 쓰기

- **학습 목표**
- 문자 메시지를 읽고 예절에 맞게 문자 메시지를 쓸 수 있다.

1 도입 – 3분

1) 지금까지 배운 휴대 전화의 기능들을 말해 보도록 한다.

2) 휴대 전화로 문자 메시지를 보내는 경우는 어떤 경우가 있는지 말해 보도록 한다.

2 제시, 설명 – 15분

1) 1번에 제시된 문자 메시지를 읽도록 한다. (가능하다면 역할을 나누어 읽도록 한다.)

2) 내용을 파악하도록 한다.
   - 엠마는 왜 준서에게 문자를 보냈어요?
     엠마는 왜 준비물을 몰라요?
     엠마는 왜 금요일에 학교에 못 갔어요?
     준서는 준비물이 뭔지 알아요?
     준서는 어떻게 할 거예요?

3) 준서가 되어 다니엘에게 메시지를 쓰도록 한다.
   - 준서는 다니엘에게 뭐라고 메시지를 보낼까요? 써 보세요.

3 제시, 연습 – 8분

1) 타이선이 선생님께 쓴 문자 메시지를 읽어 보도록 한다.

2) 타이선이 보낸 문자의 문제점을 파악하도록 한다.
   - 타이선의 문자에서는 뭐가 문제예요?

3) 문자 메시지 아래에 적힌 문제점들을 읽어 보도록 한다.
   - 타이선이 잘못한 내용을 읽어 보세요.

4 적용 – 12분

1) 2번의 활동에 이어 타이선이 되어 선생님께 보낼 문자 메시지를 쓰도록 한다.

2) 읽은 내용을 친구들에게 읽어 준다.

3) 2번에서 말한 문제점들이 잘 고쳐졌는지 함께 확인해 본다.
   - ※ 심화 보충: 친구에게 문자 메시지를 보낼 때와 어른에게 문자 메시지를 보낼 때 어떻게 다른지 이야기해 보도록 한다.

5 정리 – 2분

1) 문자 메시지를 쓰면서 지켜야 할 예절을 말해 보도록 한다.

7 기사 읽고 말하기

1. 기사를 읽어 봅시다.

초등학생 휴대 전화 중독 위험

우리나라 초등학교 4~6학년 10명 중 8~9명이 휴대 전화를 가지고 있고, 10명 중 1명은 휴대 전화 중독 위험이라는 연구 결과가 나왔다. 4학년은 9.5%, 5학년은 10.4%, 6학년은 12.1%가 중독 위험이 있다고 했다. 학년이 올라갈수록 휴대 전화에 중독될 가능성이 높아졌다.

초등학교 고학년 아동들이 휴대 전화를 사용하는 시간은 하루에 평균 4시간으로 조사됐다. 100명 중 7명은 하루 10시간 이상 사용한다고 답했다.

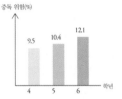

1) 초등학교 4~6학년 학생들 중 휴대 전화에 중독이 될 가능성이 높은 학생은 얼마나 돼요?

2) 하루 24시간 중 10시간 넘게 휴대 전화를 사용하는 학생은 얼마나 돼요?

2. 다음 중 나의 모습에 표시해 봅시다.

- ☐ 친구를 만나도 계속 휴대 전화를 봐요.
- ☐ 문자 메시지가 오면 빨리 봐야 해요.
- ☐ 밥 먹을 때, 화장실 갈 때 꼭 휴대 전화를 가지고 가요.
- ☐ 휴대 전화를 너무 많이 해서 손목과 목, 어깨가 아파요.
- ☐ 공부를 할 때도 휴대 전화를 책상 위에 놓아요.
- ☐ 잘 때도 휴대 전화를 봐요.
- ☐ 직접 말하는 것보다 문자나 휴대 전화로 대화하는 게 편해요.

3. 휴대 전화를 사용할 때 꼭 지켜야 할 일을 써 봅시다.

- ● 어두운 곳에서 휴대 전화를 보지 않아요.
- ● 하루에 시간을 정해 놓고 해요.
- ● 수업 시간에 _____ .
- ● 길을 걸을 때 _____ .
- ● 잘 때는 _____ .
- ● _____ .

7차시 기사 읽고 말하기

▪ 학습 목표
- 기사를 읽고 내 생각을 말할 수 있다.

1 도입 – 3분

1) 이미 배운 휴대 전화를 사용할 때 지켜야 할 예절을 말해 보도록 한다.

2) 이미 배운 휴대 전화로 주로 어떤 것들을 하는지 말해 보도록 한다.

2 제시, 설명 – 15분

1) 1번의 기사를 읽도록 한다.

2) 내용을 파악하도록 한다.

- 🔲 한국의 초등학교 4~6학년 학생들 중 휴대 전화를 가지고 다니는 학생은 얼마나 돼요?
- 🔲 초등학교 4~6학년 학생들 중 휴대 전화 중독이 될 가능성이 높은 학생은 얼마나 돼요?
- 🔲 초등학교 고학년 아이들이 하루에 평균 몇 시간이나 휴대 전화를 사용한다고 했어요?
- 🔲 하루 24시간 중 10시간 넘게 휴대 전화를 사용하는 학생은 얼마나 돼요?

3 제시, 연습 – 8분

1) 2번의 체크리스트를 보고 나의 모습을 표시해 보도록 한다.

2) 몇 개나 표시했는지 친구들과 비교해 보도록 한다.

3) 내가 고쳐야 할 점들을 말해 보도록 한다.

4 적용 – 12분

1) 내가 고쳐야 할 점들을 바탕으로 3번에 꼭 지켜야 할 일을 생각해 보도록 한다.

2) 빈칸에 알맞은 말을 써 보도록 한다.

- 🔲 3번에 써 있는 내용을 읽어 보고 빈칸에 알맞은 말을 써 보세요.

3) 이 내용을 잘 지키겠다고 다짐해 보도록 한다.

5 정리 – 2분

1) 앞으로 휴대 전화를 어떻게 사용할지를 친구들 앞에서 다짐하는 발표를 하도록 한다.

8차시 생각 넓히기

· 학습 목표

· 그림말의 좋은 점과 주의할 점을 알고 이를 사용하여
쪽지를 쓸 수 있다.

1 도입 – 3분

1) 웃는 표시, 우는 표시를 보여 주고 어떤 의미인지 생각
해 보도록 한다.

2) 다양한 표정을 간단한 그림 혹은 표시로 그려 보도록 한다.

2 제시, 설명 – 15분

1) 그림말에 대해 설명한다.

　🗨 그림말이 뭐예요? 함께 읽어 보세요.

2) 그림말의 의미를 생각해서 써 보도록 한다.

　🗨 1-2) 그림말을 보고 어떤 의미인지 생각해서 써 보세요.

　※ 유의점: 그림말은 정해진 규칙이 있는 것이 아니라 사람들이
여러 기호를 만들고 마음에 드는 기호들을 사용하는 것이므
로 답이 정해져 있는 것은 아니다. 다만, 일반적으로 많이 사
용하는 의미, 다른 사람들도 이해할 수 있는 의미로 사용하
고, 반드시 똑같은 답을 해야 하는 것이 아니라 의미가 비슷
하다면 다 맞는 것으로 한다는 사실을 알려 준다.

　🗨 어떤 그림말이 더 있는지 찾아보세요. 내가 아는 그림말도
말해 보세요.

3 제시, 연습 – 8분

1) 2-1)에서는 그림말을 사용할 때 좋은 점을 말해 보도
록 한다.

　🗨 그림말을 사용하면 좋은 점은 무엇이 있어요? (내 마음이
나 기분을 더 잘 표현할 수 있어요. 재미있어요.)

2) 2-2)에서는 그림말을 사용할 때 주의할 점을 말해 보
도록 한다.

　🗨 그림말을 사용할 때 주의할 점은 무엇이 있어요? (어른에
게 보낼 때는 예의 없는 행동이 될 수 있어요. 너무 많이 쓰면
좋지 않아요. 사람들마다 다르게 이해할 수 있어요.)

4 적용 – 12분

1) 그림말을 사용해서 친구에게 문자 메시지를 써 보도록
한다.

2) 문자 메시지 내용을 다른 친구에게 읽어 보도록 하고
이해가 되는지 확인하게 한다.

3) 그림말을 사용해서 문자 메시지를 썼을 때 좋은 점과
힘들었던 점을 말해 보도록 한다.

5 정리 – 2분

1) 그림말을 적절하게 사용하면 좋은 점을 말해 보도록
한다.

2) 그림말을 사용할 때 주의할 점을 말해 보도록 한다.

7단원 • 일과 직업

단원의 개관

이 단원의 목표는 대표적인 직업명을 알고, 그 직업이 하는 일을 이해하고 설명하는 능력을 키우는 데 있다. 이 단원에서는 우리 이웃의 직업과 하는 일, 방송과 관련된 직업과 하는 일, 나의 장래 희망, 성격의 강점과 직업, 미래 직업 등에 대해 읽고 들은 후 적절하게 표현하는 능력을 키울 수 있다.

학습 목표	• 직업과 하는 일에 대해 설명할 수 있다. • 자신의 장래 희망을 발표할 수 있다.						
주제	장면		기능	문법	어휘	문화	담화 유형
	일상생활	학교생활					
일과 직업	우리 이웃의 직업	나와 친구의 장래 희망	직업과 하는 일 설명하기 장래 희망 말하기	처럼 –었으면 좋겠다 –으려면 –으면 되다	직업 관련 어휘	미래의 직업	대화 발표문 언어 게임
	방송 속의 직업	장래 희망 발표					

● 차시 전개 과정

차시	차시 제목	성격	학습 내용	교재 쪽수	익힘책 쪽수
1	우리 이웃의 직업	필수	• 직업명과 하는 일에 대해 설명할 수 있다.	126	72
2	나의 꿈	필수	• '처럼'과 '-었으면 좋겠다'를 사용하여 장래 희망을 말할 수 있다.	128	74
3	방송 속의 직업	필수	• 방송과 관련된 직업을 설명하고, 직업을 이룰 수 있는 방법에 대해 묻고 대답할 수 있다.	130	76
4	장래 희망 발표	필수	• 장래 희망에 대해 준비하여 발표할 수 있다.	132	78
5	장래 희망 듣고 말하기	선택	• 긴 대화를 듣고 이해한 뒤 자신의 꿈과 이루는 방법에 대해 설명할 수 있다.	134	-
6	재미있는 동화 읽기	선택	• 한국어로 된 동화를 읽고 이해할 수 있다. 그리고 동화를 활용하여 역할극을 할 수 있다.	136	-
7	성격과 어울리는 직업 말하기	선택	• 성격의 강점과 어울리는 직업을 연결한 뒤 그 이유를 설명할 수 있다.	138	-
8	생각 넓히기	선택	• 미래의 직업에 대해 이해하고 자신의 삶과 연결하여 설명할 수 있다.	140	-

● 단원 지도상의 유의점

◆ 학습자인 초등학생 고학년을 고려하여 낱말, 표현, 문법을 분리하여 명시적으로 학습하지 않고, 주어진 장면과 상황, 대화 속에서 어휘 및 표현을 이해하고 연습할 수 있도록 교수한다.

◆ 마지막 활용 문항에서는 매 차시 배운 어휘나 문법을 활용해 2~3문장 이상의 복문이나 대화로 말할 수 있도록 지도한다.

◆ 어휘나 표현에 대한 지식은 '어휘 지식'으로, 체언이나 용언에 결합하는 조사나 문형은 '문법 지식'으로 구분하여 제시한다.

- 주요 학습 내용

> 어휘
> 경찰관, 도둑을 잡다, 의사, 치료하다, 간호사, 가르치다,
> 회사원, 일하다, 소방관, 불을 끄다
> 준비물
> 듣기 자료, 〈부록〉 붙임 딱지

- 학습 목표
- 직업명과 하는 일에 대해 설명할 수 있다.

1 도입 – 5분

1) 직업군이 나타나는 125쪽 다양한 사람들의 그림을 보고 단원의 전체 도입을 한다.

   📢 이 사람들의 직업이 뭐예요?

2) 교재에 나온 도입 질문을 한다.

   📢 여러분 주위 사람들의 직업은 뭐예요?
   여러분이 알고 있는 직업은 뭐예요?

3) 1차시 그림의 장소를 보면서 오늘 배울 내용을 안내한다.

   📢 우리 동네예요.
   우리 동네에 학교가 있어요.
   학교를 찾았어요? 그리고….

2 제시, 설명 – 8분

1) 교재에 나온 1차시 도입 질문을 한다.

   📢 우리 이웃에는 어떤 일을 하는 사람들이 살고 있는지 이야기해 봅시다.

2) 직업명을 학생들이 말할 수 있도록 교사가 질문으로 유도한다.

   📢 회사가 있어요. 회사에 누가 있어요?

3) 학생들이 교사의 설명을 들으면서 직업명을 붙임 딱지에서 골라 붙이도록 한다.

4) 듣기 자료를 들으면서 직업이 하는 일을 듣고, 직업을 말하도록 한다.

> 듣기 자료 🎧 18
> ① 불을 꺼요.
> ② 회사에서 일해요.
> ③ 도둑을 잡아요.
> ④ 학교에서 학생들을 가르쳐요.
> ⑤ 아픈 사람의 병을 치료해요.
> ⑥ 의사하고 같이 아픈 사람들을 도와줘요.
> ⑦ 맛있는 음식을 만들어요.

   📢 "나쁜 사람들을 잡아요." 누구예요? (경찰관)
   ※ 유의점: 듣기 자료를 들을 때 직업이 하는 일을 하나씩 듣고

---

1 우리 이웃의 직업

1. 우리 이웃에는 어떤 일을 하는 사람들이 살고 있는지 이야기해 봅시다.

   1) 아래 그림의 빈칸에 직업 이름을 붙여 보세요. 붙임 딱지

   2) 하는 일을 잘 듣고 직업을 말해 보세요. 🎧 18

2. 하는 일을 쓰고 말해 봅시다.

   1) [   ] 을 [   ].
   2) 맛있는 음식을 [   ].
   3) 아픈 사람의 [   ] 을 [   ].
   4) 불을 [   ].

[붙임 딱지]

[붙임 딱지]

[붙임 딱지]

멈추면서 학생들이 대답하고 쓸 수 있는 시간을 준다. 학생들이 쓰는 것을 확인하고 발음해 보도록 한다.

어휘 지식	
경찰관	사회의 질서를 지키고 국민의 안전을 보호하는 일을 하는 사람. ⑩ 도둑이 경찰관에게 잡혔다. 사거리에 경찰관이 서 있다.
도둑	남의 물건을 훔치거나 빼앗는 사람. ⑩ 어젯밤에 우리 집에 도둑이 들어왔다. 다른 사람의 돈을 가져가는 것은 도둑이 하는 일이야!
잡다 [잡따]	붙들어서 손에 넣다. ⑩ 바다에서 물고기를 잡았다. 도둑을 잡아서 경찰서에 갔다.
의사 [의사]	병을 진찰하고 치료하는 일이 직업인 사람. ⑩ 병원에 가서 의사 선생님을 만났다. 의사는 나에게 푹 쉬면 감기가 나을 것이라고 말했다.

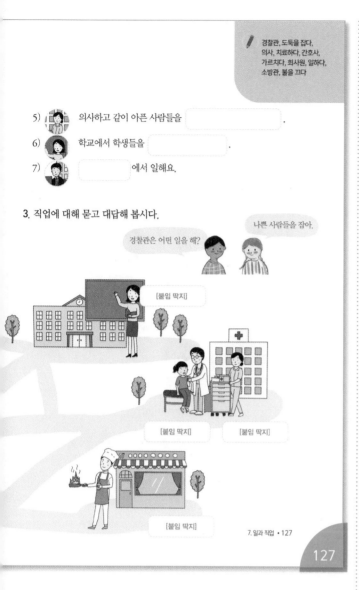

5) 의사하고 같이 아픈 사람들을 _____

6) 학교에서 학생들을 _____.

7) _____ 에서 일해요.

3. 직업에 대해 묻고 대답해 봅시다.

경찰관은 어떤 일을 해?

나쁜 사람들을 잡아.

[붙임 딱지]

[붙임 딱지]   [붙임 딱지]

[붙임 딱지]

7. 일과 직업 • 127

127

치료하다	병이나 상처 등을 낫게 하다. ⑩ 의사는 환자를 치료한다. 엄마가 내 다친 다리를 치료해 주셨다.
간호사	병원에서 의사를 도와 환자를 돌보는 것이 직업인 사람. ⑩ 우리 언니는 대학 병원의 간호사이다. 친절한 의사와 간호사 덕분에 병이 금방 나았다.
가르치다	지식이나 기술을 설명해서 익히게 하다. ⑩ 우리 아빠는 영어를 가르치는 선생님이다. 선생님은 아이들에게 컴퓨터를 하는 방법을 가르치셨다.
회사원	회사에 속해서 일하는 사람. ⑩ 우리 엄마는 자동차 회사에 다니는 회사원이다. 대기업의 회사원이 되고 싶어 하는 사람들이 많다.
일하다	무엇을 이루거나 대가를 받기 위하여 몸을 움직이거나 머리를 쓰다. ⑩ 나는 졸업 후에 작은 회사에서 일한다. 우리 아버지는 매일 아침부터 밤까지 열심히 일하신다.
소방관	화재를 막거나 진압하는 일을 하는 공무원. ⑩ 소방관이 불이 난 건물에 들어가서 할아버지를 구했다. 불이 나면 소방관이 소방차를 가지고 달려온다.

불을 끄다	타는 불을 못 타게 하다. ⑩ 나는 켜 놓은 촛불을 껐다. 엄마, 찌개가 끓고 있는데 가스 불을 끌까요?

3 연습 – 15분

1) 2번을 읽고 쓰게 한다.

2) 쓴 것을 읽어 보도록 한다. 그다음에 한 명씩 일어나서 말해 보도록 한다.

　※ 유의점
　– 새로운 어휘가 많이 노출될 수 있으므로 '불을 끄다', '가르치다', '아픈 사람' 등은 교사가 몸짓으로 표현하면서 설명한다.
　– '경찰관', '의사'에 나오는 어려운 이중 모음은 반복해서 연습한다.

3) 익힘책 72~73쪽을 풀게 한다. 73쪽 2번의 줄 긋기 문제를 푼 다음에 칠판에 표현을 써 보게 하는 것도 표현을 익히는 데 도움을 줄 수 있다.

4 적용 – 10분

1) 두 명씩 짝을 이루어 3번과 같이 질문과 대답을 하게 한다.
　학1 경찰관은 어떤 일을 해?
　학2 나쁜 사람들을 잡아.

2) 교사가 직업이 쓰인 카드를 준비한다. 학생 한 명이 카드를 뽑은 뒤 묻고 대답한다. (의사, 간호사, 선생님 등) 직업명을 직접 쓰면서 카드를 만들게 하면 더 효과적이다.

3) 교사가 직업이 쓰인 카드를 준비한다. 학생 한 명이 카드를 뽑은 뒤 몸으로 설명하고 다른 학생은 그 직업을 말한다. 직업을 칠판에 쓰게 할 수도 있다.

　※ 유의점: 학생 한 명씩 직업과 하는 일을 연결해서 말해 보도록 한다.
　선 의사는 어떤 일을 해요?
　학 의사는 환자의 병을 치료해요.

5 정리 – 2분

1) 배운 직업 어휘를 가지고 질문한 뒤 대답하도록 한다.
　선 오늘 배운 직업을 말해 보세요.
　선 여러분 가족 중에 '회사원'이 있어요? 어떤 일을 해요?

2) 차시 예고를 한다.

· **주요 학습 내용**

> 어휘
> 보호하다, 훌륭하다
>
> 문법 및 표현
> 처럼, -었으면 좋겠다
>
> 준비물
> 듣기 자료

· **학습 목표**
· '처럼'과 '-었으면 좋겠다'를 사용하여 장래 희망을 말할 수 있다.

1 도입 – 2분

1) 선생님의 이야기를 하면서 오늘 배울 문법 '처럼'을 도입한다.

> 🔵 저는 선생님이에요. 제 부모님도 선생님이에요. 저는 어렸을 때부터 부모님처럼 선생님이 되고 싶었어요. 여러분은 어때요? 아빠처럼 되고 싶어요? 엄마처럼 되고 싶어요?

2 제시, 설명 – 10분

1) 1번 지시문을 말한다.

> 🔵 타이선의 꿈을 들어 봅시다.

2) 듣기 활동을 시작한다.

> 🔵 우리가 타이선과 아빠의 대화를 들을 거예요. 잘 듣고 타이선의 아빠는 어떤 일을 하는지, 타이선은 무엇이 되고 싶은지 찾아보세요.

> 듣기 자료 🔵 19
> 타이선: 아빠, 저는 아빠처럼 경찰관이 되었으면 좋겠어요.
> 아빠: 너는 왜 경찰관이 되고 싶은데?
> 타이선: 도둑을 잡고 착한 사람들을 보호하고 싶어서요.
> 아빠: 그래? 좋은 생각이야. 나도 네가 꼭 좋은 경찰관이 됐으면 좋겠다.

> ※ 유의점: 듣기 질문을 제시할 때 칠판에 판서를 해서 학생들이 명확하게 들을 수 있도록 한다. '아빠: 어떤 일? 타이선: 무엇이 되고 싶어요?'와 같이 판서한다.

3) 다시 들으면서 타이선은 왜 '경찰관'이 되고 싶은지 물어본다.

4) 한 문장씩 끊어 읽으면서 따라 하도록 한다.

---

2 나의 꿈

1. 타이선의 꿈을 들어 봅시다. 🔵 19

   1) 타이선의 아빠는 어떤 일을 하세요?

   2) 타이선은 무엇이 되고 싶어요? 왜 되고 싶어요?

2. 타이선과 아빠의 대화를 따라 해 봅시다.

   1) 대화를 다시 듣고 써 보세요. 🔵 19

   > 타이선: 아빠, 저는 아빠처럼 경찰관이 되었으면 좋겠어요.
   > 아빠: 너는 왜 경찰관이 되고 싶은데?
   > 타이선: 도둑을 잡고 착한 사람들을 보호하고 싶어서요.
   > 아빠: 그래? 좋은 생각이야. 나도 네가 꼭 좋은 경찰관이
   >
   > _____ .

   2) 말하는 것처럼 대화를 따라 해 보세요.

어휘 지식

보호하다	위험하거나 곤란하지 않게 지키고 보살피다. 🔵 국가는 국민의 생명과 재산을 보호할 의무가 있다. 여름에는 피부를 보호하기 위해 자외선 크림을 꼭 발라야 한다.
훌륭하다	칭찬할 만큼 매우 좋고 뛰어나다. 🔵 이 그림 작품은 아주 훌륭하다. 신문에서 목숨을 걸고 다른 사람을 구한 훌륭한 사람의 이야기를 읽었다.

문법 지식

처럼
· 명사와 결합하여 그와 상태나 행동이 서로 비슷하거나 같음을 나타낸다.
> 🔵 아비가일은 가수처럼 노래를 잘 불러요.
> 저는 아빠처럼 훌륭한 소방관이 됐으면 좋겠어요.

-었으면 좋겠다
· 어떤 일이 일어나거나 어떤 상황이 되기를 바랄 때 사용한다.
> 🔵 친구야, 건강하게 잘 지냈으면 좋겠다.

보호하다, 훌륭하다

처럼, -었으면 좋겠다

3. 그림을 보고 대화를 해 봅시다.

1) 엄마: 의사

2) 엄마: 소방관

3) 아빠: 요리사

4) 아빠: 간호사

> 저도 엄마/아빠처럼 _____.
> 너는 왜 _____ 이/가 되고 싶은데?
> _____ 고 싶어서요.
> 그래? 좋은 생각이야. 나도 네가 꼭 훌륭한

129

	조건	형태	예시
①	ㅏ, ㅗ	-았으면 좋겠다	왔으면 좋겠다, 만났으면 좋겠다
②	ㅏ, ㅗ 이외	-었으면 좋겠다	되었으면 좋겠다, 먹었으면 좋겠다
③	하다	했으면 좋겠다	공부했으면 좋겠다

• '-으면 좋겠다'와 그 의미가 유사하나 '으면 좋겠다'는 반대 상황을 희망함에 초점이 있고, '-었으면 좋겠다'는 현재와 반대되는 상황을 가정하는 데 더 초점이 있다.

　예 저는 좀 더 키가 크면 좋겠어요.

　　저는 좀 더 키가 컸으면 좋겠어요. (현재 키가 작다는 것을 전제로 함)

• '되었으면 좋겠어요'는 발음할 때 '됐으면 좋겠어요'로 줄여서 말한다. '좋겠어요'를 [조케써요]로 발음하는 것도 주의하여 연습해야 한다.

---

③ 연습 – 10분

1) 2번 지시문을 말한다.

　션 타이선과 아빠의 대화를 따라 해 봅시다.

2) 대화를 다시 듣고 써 보게 한다.

3) 타이선과 아빠의 대화를 읽으면서 외워서 말하도록 한다.

4) 익힘책 74~75쪽을 풀게 한다. 1번과 3번의 '써 봅시다' 문제를 푼 다음에 학생이 '처럼'과 '-었으면 좋겠다'의 의미를 이해하고 있는지 다시 한번 점검한다.

④ 적용 – 15분

1) 3번의 그림을 보고 등장인물을 주지시킨다.

　션 이 친구는 장위이고, 이 사람은 장위의 엄마예요. 엄마 직업이 뭐예요?

2) '처럼'을 사용하여 문장을 연결해 보도록 한다.

　션 장위는 생각해요. '엄마처럼 의사가 되었으면 좋겠어요.'

3) 아이와 엄마가 되어 대화를 해 보도록 한다.

　션 두 사람씩 대화를 해 보세요.
　　A는 장위, B는 엄마를 해 보세요.

　※ 유의점
　– 단순히 책을 보면서 따라 읽는 것에서 활동을 끝내지 않고 외울 수 있도록 연습시킨다.
　– '서영, 엄마'와 같이 이름 카드를 만들어 붙인 뒤 일어나서 대화하도록 하는 것도 좋다.
　– 학생들 부모님의 직업을 물어보는 것은 예민한 주제일 수 있으므로 주의한다.

⑤ 정리 – 3분

1) 선생님 이야기로 정리하면서 수업을 마친다.

　션 여러분, 저는 아버지처럼 선생님이 되고 싶었어요.
　　그래서 아버지께 말씀드렸어요.
　　"아빠, 저는 아빠처럼 선생님이 됐으면 좋겠어요."
　　여러분은 어때요?

2) 차시 예고를 한다.

　션 다음 시간에는 방송국의 직업에 대해 이야기할 거예요. 방송국에 어떤 직업이 있는지 생각해 오세요.

• 주요 학습 내용

> **어휘**
> 아나운서, 기자, 가수, 배우, 연기하다, 연습하다
>
> **문법 및 표현**
> -으려면, -으면 되다
>
> **준비물**
> 듣기 자료

• 학습 목표

• 방송과 관련된 직업을 설명하고, 직업을 이룰 수 있는 방법에 대해 묻고 대답할 수 있다.

1 도입 – 3분

1) 학생들에게 방송국에 가 본 적이 있는지 물어본다. '방송국'이라는 낱말을 모를 수 있으므로 'KBS, SBS'와 같은 예를 들어 설명해 준다.

2) 방송국에서 일하는 사람들의 직업을 물어본다.
   🔵 여러분은 방송국에 가 본 적이 있어요?
   가면 어떤 사람들이 있어요?

2 제시, 설명 – 13분

1) 1번 지시문을 말한다.
   🔵 방송국에서 일하는 사람들에 대해 이야기해 봅시다.

2) 학생들과 함께 방송국 그림을 살펴본다.
   🔵 여러분, 타이선이 방송국에 갔어요. 가서 어떤 사람들을 만났어요?

3) 방송국의 직업을 설명하고 학생들이 말한 뒤 쓰게 한다. 직업을 설명할 때는 교사가 직접 연기하듯이 행동을 하여 학생들이 맥락을 통해 의미를 파악할 수 있도록 한다. 교사는 학생들이 바르게 썼는지 확인한다.

어휘 지식	
아나운서	뉴스 보도, 실황 중계, 사회 등의 방송을 전문적으로 맡아 하는 사람. 🔵 텔레비전에서 아나운서가 축구 중계를 하고 있다. 내 친구는 발음이 좋고 말도 잘해서 방송국의 아나운서가 되었다.
기자	신문, 잡지, 방송 등에 실을 기사를 조사하여 쓰거나 편집하는 사람. 🔵 김 기자는 사건의 취재를 마치고 신문사로 돌아와 기사를 작성했다. 인기 가수의 인터뷰 장소는 취재를 하려는 기자로 가득했다.
가수	노래하는 일을 직업으로 하는 사람. 🔵 무대 위의 가수가 춤을 추며 노래를 불렀다. 내가 좋아하는 가수의 콘서트를 구경하러 갔다.

---

3 방송 속의 직업

1. 방송국에서 일하는 사람들에 대해 이야기해 봅시다.

1) 방송국에는 어떤 일을 하는 사람들이 있어요?

2) 직업 이름을 써 보세요.

〈보기〉　배우　기자　가수　아나운서

130 • 의사소통 한국어 3

배우	영화나 연극, 드라마 등에 나오는 인물의 역할을 맡아서 연기하는 사람. 🔵 이 배우는 얼굴도 예쁘고 연기도 정말 잘한다. 뮤지컬 배우가 되기 위해서는 노래와 춤 그리고 연기를 모두 잘해야 한다.
연기하다	배우가 맡은 역할에 따라 인물, 성격, 행동 등을 표현해 내다. 🔵 그 배우는 어떤 배역을 맡아도 훌륭하게 연기한다. 그녀는 사람들에게 미움을 받을 정도로 나쁜 계모 역할을 잘 연기했다.
연습하다	무엇을 잘할 수 있도록 반복하여 익히다. 🔵 잘할 때까지 노래를 연습했다. 운전하는 것을 많이 연습한 다음에 도로에 나가야 한다.

4) 타이선과 엄마의 대화를 듣는다.

> 듣기 자료 🔊 20
> 1) 타이선: 엄마, 저는 기자가 되고 싶어요. 기자가 되려면 어떻게 해야 돼요?
> 엄마: 열심히 공부하면 돼. 너는 할 수 있을 거야!
> 2) 타이선: 엄마, 저는 아나운서가 되고 싶어요. 아나운서가 되려면 어떻게 해야 돼요?

아나운서, 기자, 가수,
배우, 연기하다, 연습하다

-으려면, -으면 되다

2. 잘 듣고 질문과 대답을 연결한 뒤 말해 봅시다. 🎧20

1) 기자가 되다 •   • 발표 연습을 열심히 하다

2) 아나운서가 되다 •   • 춤과 노래를 연습하다

3) 배우가 되다 •   • 연기 연습을 하다

4) 가수가 되다 •   • 열심히 공부하다

기자가 되려면
어떻게 해야 돼요?

열심히 공부하면 돼.

3. 방송국에 있는 다른 직업을 그림에서 찾아보고 어떤 일을 하는지
설명해 봅시다.

분장사   성우   감독   카메라맨

7. 일과 직업 • 131

131

엄마: 발표 연습을 열심히 하면 돼. 한번 해 봐!
3) 타이선: 엄마, 저는 배우가 되고 싶어요. 배우가 되려면
　　　어떻게 해야 돼요?
엄마: 연기 연습을 열심히 하면 돼. 너는 할 수 있을 거야!
4) 타이선: 엄마, 저는 가수가 되고 싶어요. 가수가 되려면
　　　어떻게 해야 돼요?
엄마: 춤과 노래를 연습하면 돼. 열심히 해 봐.

5) 교사는 듣기 자료를 들은 뒤 목표 문법이 들어간 핵심
　문장을 칠판에 쓴다.

　　타이선: 기자가 되려면 어떻게 해야 돼요?

　　엄마: 열심히 공부하면 돼.

※ 유의점: 목표가 되는 문법은 붉은색으로 표시하거나 밑줄을
그어 강조하고, 다른 예를 들어 의미를 명확하게 이해할 수
있도록 설명한다. 문법 연습은 익힘책을 활용하되, 분량이
많을 시에는 다음 차시에 이어서 공부하거나 숙제로 내 줄
수도 있다.

문법 지식

-으려면
· 어떤 일을 할 의도나 의향이 있는 경우를 가정할 때 쓴다.
　📕 의사가 되려면 열심히 공부해야 해요.
　　김 선생님을 만나려면 사무실로 오세요.

	조건	형태	예시
①	받침 ○	-으려면	먹으려면, 읽으려면
②	받침 ✕, ㄹ 받침	-려면	되려면, 가려면, 놀려면, 살려면

-으면 되다
· 조건으로서 어떤 행위를 하거나 어떤 상태만 갖추면 문제가
없거나 충분하다.
　📕 선생님이 되고 싶어요? 열심히 공부하면 됩니다.
　　시험을 잘 보려면 이 책 한 권만 읽으면 됩니다.

	조건	형태	예시
①	받침 ○	-으면 되다	먹으면 되다, 앉으면 되다
②	받침 ✕, ㄹ 받침	-면 되다	공부하면 되다, 놀면 되다

3 연습 – 15분

1) 2번 지시문을 말한다.
　 잘 듣고 질문과 대답을 연결한 뒤 말해 봅시다.

2) 타이선과 엄마의 대화를 다시 듣는다. 잘 듣고 질문과
대답을 연결한 뒤 읽어 보게 한다.

3) 다른 학생들과 짝을 바꾸면서 번갈아 이야기하게 한다.

4) 목표 문법을 배운 뒤에는 "배우가 되려면 어떻게 해야
돼요?"와 같은 문장 카드를 만들어서 학생들이 들고
다니며 친구들에게 묻고 대답하게 한다. 문장 카드를
여러 개 주고 물어보게 하거나 묻고 대답한 뒤 서로 문
장 카드를 바꾸게 하면 지루하지 않게 문장을 연습할
수 있다.

5) 익힘책 76~79쪽을 풀게 한다. 학생들이 '-으려면',
'-으면 되다'의 의미를 정확하게 이해하고 있는지, 형
태 교체를 정확하게 하고 있는지 확인한다.

4 적용 – 7분

1) 방송국에 있는 다른 직업을 그림에서 찾아보고, 어떤
일을 하는지 설명한다.
　교 다른 사람의 화장을 도와줘요. 누구예요? (분장사)

2) 학생들이 더 아는 직업이 있는지 물어본다.

5 정리 – 2분

1) 방송국에 있는 직업을 외워서 말해 보게 한다.

· 주요 학습 내용

> 어휘
> 장래 희망, 꿈, 부지런하다, 노력하다

· 학습 목표
· 장래 희망에 대해 준비하여 발표할 수 있다.

1 도입 – 3분

1) 장래 희망에 대해 질문하고, 그것에 대해 발표한 적이 있는지 물어본다. 학생들이 대답할 수 있도록 시간을 준다.

> 신 여러분의 장래 희망이 뭐예요?
> 여러분의 꿈이 뭐예요? 뭐가 되고 싶어요?
> 그것에 대해 발표한 적이 있어요?
> 오늘 여러분의 꿈을 발표할 거예요.

2 제시, 설명 – 10분

1) 1번 지시문을 말한다.

> 신 다니엘의 글을 읽어 봅시다. 다니엘은 무엇이 되고 싶어 합니까? 같이 읽어 봅시다.

2) 처음에 읽을 때는 조용히 읽으면서 내용을 파악해 보도록 한다.

3) 모르는 어휘를 형광펜으로 표시하게 한다.

4) 읽은 내용을 간단히 확인한 뒤 소리 내어 읽는 단계로 순차적으로 진행한다.

5) 학생들에게 모르는 낱말을 질문하게 한 뒤 아는 학생이 있는지 물어본다. 아는 학생이 없을 때는 교사가 단어를 설명한다.

6) 설명할 때는 먼저 칠판에 판서를 한 뒤 동작과 행동, 맥락을 활용하여 설명하도록 한다. '훌륭하다'는 엄지손 '최고'로, '부지런하다'는 '엄마가 일찍 일어나서 아침을 준비하고, 회사에 나가고, 저녁에 집에 와서…'와 같이 동작과 예를 들어 설명하는 것이 어휘를 이해하는 데 효과적이다.

7) 익힘책 80쪽 1번을 풀도록 한다.

> ※ 유의점: 지난 시간에 배운 '처럼'과 '었으면 좋겠다'를 정확하게 사용하고 쓸 수 있는지 확인한다.

8) 익힘책 80쪽 2번을 풀도록 한다. 쓰기를 어려워하는 학생이 많은데, 격려와 칭찬을 하면서 몇 문장이라도 쓸 수 있도록 독려한다.

---

4 장래 희망 발표

1. 다니엘의 글을 읽어 봅시다. 다니엘은 무엇이 되고 싶어 합니까?

> 안녕하세요. 저는 4학년 2반 다니엘입니다. 제 꿈은 요리사입니다. 저는 맛있는 음식을 먹을 때 행복합니다. 그리고 저희 아빠도 요리사이십니다. 저는 아빠처럼 훌륭한 요리사가 됐으면 좋겠습니다.
> 훌륭한 요리사가 되려면 부지런해야 합니다. 저는 열심히 노력해서 꼭 훌륭한 요리사가 되겠습니다.

2. 여러분의 장래 희망을 발표해 봅시다.

1) 친구와 장래 희망을 이야기하세요.

넌 장래 희망이 뭐야?

난 아빠처럼 훌륭한 경찰관이 됐으면 좋겠어.

132 · 의사소통 한국어 3

132

어휘 지식	
장래 희망 [장내 히망]	다가올 앞날에 이루고 싶은 희망. 직업. 예 최근 초등학생들의 장래 희망 1위는 연예인이다. 초등학교 때 장래 희망이 뭐였어요?
꿈	앞으로 이루고 싶은 희망이나 목표. 예 민준은 가수가 되고 싶었던 어린 시절의 꿈을 드디어 이루었다. 어렸을 때 꿈이 뭐였어요?
부지런하다	게으름을 부리지 않고 꾸준하게 열심히 하다. 예 우리 아버지는 항상 새벽에 일어나서 부지런하게 움직이신다. 우리 엄마는 하루 종일 부지런하게 일하신다. 참) 반대말: 게으르다
노력하다 [노려카다]	어떤 목적을 이루기 위하여 힘을 들이고 애를 쓰다. 예 지금까지 성공하려고 노력했는데 여기서 포기할 수 없어요. 실수하지 않으려고 노력하다 보니 잘하게 됐어요.

2) 여러분의 장래 희망을 글로 쓰고, 모습을 그림으로 그려 보세요.

안녕하세요. 저는 _____ 학년 _____ 반

_____ 입니다.

저의 꿈은 _____ 입니다.

저는 _____ 을/를 좋아하기

때문입니다. _____

_____

3) 여러분의 장래 희망을 크게 읽어 보세요.

3. 친구들 앞에서 장래 희망을 발표해 봅시다. 친구들의 발표를 듣고 질문해 봅시다.

안녕하세요. 저는 다니엘입니다.
저의 꿈은 요리사입니다.

| 언제부터 요리사가 되고 싶었어요? | 어떤 음식을 만들 수 있어요? |

133

장래 희망, 꿈,
부지런하다, 노력하다

---

3 연습 – 13분

1) 친구와 장래 희망을 이야기하도록 한다. 특별한 생각
   이 없으면 교사가 도움 질문을 할 수 있다.

   선 여러분의 꿈은 뭐예요?

   뭐가 되고 싶어요?

   선 좋아하는 과목이 뭐예요?

   선 좋아하는 운동이 있어요?

   선 시간이 있을 때 뭐 해요?

2) 학생들이 자신의 장래 희망을 2-2)에 글로 쓰고 그림
   으로 그려 보게 한다. 교사는 학생이 표현하고 싶은 내
   용을 적당한 낱말로 기록할 수 있도록 도와준다.

   선 먼저 옆에 그림을 그려 보세요.

   그리고 글을 써 보세요.

   발표할 거예요.

---

4 적용 – 12분

1) 3번 지시문을 말한다.

   선 친구들 앞에서 장래 희망을 발표해 봅시다.

   친구들의 발표를 듣고 질문해 봅시다.

2) 앞에 나와서 발표하기 전에 크게 읽는 연습을 세 번 한다.

3) 되도록 외워서 발표할 수 있도록 연습한다.

4) 발표를 듣는 청중은 꿈에 대해서 질문하도록 한다. 질
   문이 나오지 않으면 선생님이 질문을 하면서 시범을
   보인다.

   선 언제부터 요리사가 되고 싶었어요?

   선 어떤 음식을 만들 수 있어요?

   선 어떤 음식을 만들고 싶어요?

5) 발표할 때는 목소리뿐 아니라 눈빛, 발음 등도 함께 지
   도한다.

---

5 정리 – 2분

1) 발표에 대해서 칭찬하고 피드백을 한다.

   선 누가 제일 발표를 잘했어요?

   왜 잘했다고 생각해요?

2) 가능하면 학생들끼리 평가를 해 보게 한다.

목소리	발음	내용	자신감	그 외
♡♡♡♡♡	♡♡♡♡♡	♡♡♡♡♡	♡♡♡♡♡	♡♡♡♡♡

3) 익힘책 81쪽을 풀게 한다. 익힘책을 풀면서 7단원에
   나온 낱말을 복습한다.

   ※ 다른 활동: 학생들이 스스로 목표 단어가 들어간 문장을 만
   들어 보게 하고, 그것을 가지고 게임으로 진행하는 것도 학
   습자의 관심과 참여를 높이는 데 효과적이다.

4) 차시 예고를 한다.

5차시 장래 희망 듣고 말하기

• 학습 목표
• 긴 대화를 듣고 이해한 뒤 자신의 꿈과 이루는 방법에 대해 설명할 수 있다.

1 도입 – 2분

1) 수업 내용에 관심을 가질 수 있도록 도입을 한다.
   (선) 오늘 유키와 선생님의 대화를 들을 거예요. 유키가 자기의 꿈을 이야기해요.

2 제시, 설명 – 10분

1) 유키와 선생님의 대화를 듣는다. (🔊 21)

2) 유키와 선생님의 대화를 들은 뒤, 학생들에게 질문하고 대답하게 한다.
   (선) 유키의 장래 희망은 뭐예요? 유키가 꿈을 이루려면 어떻게 해야 해요?

3) 다시 한번 들으면서 선생님과 유키의 대화를 적게 한다. 적을 때 '처럼', '-으려면', '-었으면 좋겠다' 등 배운 문법을 다시 한번 언급하며 복습한다.

4) 선생님과 유키의 대화를 크게 읽어 보게 한다.

3 연습 – 15분

1) 대화의 말풍선을 가리고 외워서 말하도록 한다.

2) 학생의 꿈을 묻는다. 그리고 그 꿈을 이루려면 어떻게 해야 하는지 생각해 보게 한다.
   (선) ○○는 꿈이 뭐예요? 그 꿈을 이루려면 어떻게 해야 해요?

3) 학생 두 명 중 한 명은 '선생님', 한 명은 '학생' 역할을 부여하고, 학생의 꿈에 맞추어 대화를 만들어 보도록 한다.
   ※ 유의점: 대화를 연습할 때 '선생님', '학생' 명찰을 만들어서 가슴에 달아 주고 연습하면 더 효과적이다.

4) 앞에 나와서 발표한다. 발표할 때는 몸짓 언어인 눈빛, 고개 끄덕임 등도 같이 표현할 수 있도록 지도한다.

4 적용 – 10분

1) 5차시까지 배운 직업명을 복습한다.
   (선) 우리가 많은 직업을 배웠어요. 기억나는 것을 말해 볼까요?

2) 직업 이름을 적게 한 뒤 빙고 게임을 실시한다. 빙고 게임은 학생 수가 2명 이상이 되면 실시할 수 있으며, 1:1 수업의 경우에는 교사와 학생이 진행하면 된다.
   ※ 다른 활동: 초성을 제시하고 직업명을 맞히게 하거나(예 'ㅅㅂㄱ'→'소방관') 동작을 한 뒤 직업명을 맞히는 게임을 진행할 수도 있다.

5 정리 – 3분

1) 가장 빨리 직업명을 적고, 가장 빨리 직업명을 지워 게임에서 승리한 학생에게 스티커나 간단한 상을 수여한다.

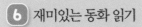

6 재미있는 동화 읽기

1. 〈미운 아기 오리〉 이야기에 대해 이야기해 봅시다.

   1) 이 이야기를 들은 적이 있어요?

   2) 이 이야기에 누가 나와요?

2. 〈미운 아기 오리〉 이야기를 읽어 봅시다.

하얀 알들 속에서
노란 아기 오리들이 태어났어요.
마지막 알에서 태어난
아기 오리는 너무 못생겼어요.
다른 오리들은 미운 아기 오리를 싫어했어요.
"너는 너무 못생겼어!"

미운 아기 오리는 생각했어요.
'나도 엄마처럼, 다른 형제들처럼
예쁜 오리가 됐으면 좋겠어.'

다른 오리들은 미운 아기 오리를 싫어했어요.
미운 아기 오리는 슬펐어요. 그래서 집을 나갔어요.

겨울이 지나고 봄이 왔어요.
크고 아름다운 새가 와서 말했어요.
"나는 백조야.
너도 백조니까 같이 살았으면 좋겠어."
미운 아기 오리는 아름다운 백조였어요.

3. 친구들과 연극을 해 봅시다.

〈놀이 방법〉
① 엄마 오리, 미운 아기 오리, 예쁜 아기 오리, 백조를 정합니다.
② 대본을 만들고 연습합니다.
③ 역할을 나누어 연극을 합니다.

6차시 재미있는 동화 읽기

• **학습 목표**

• 한국어로 된 동화를 읽고 이해할 수 있다. 그리고 동화를 활용하여 역할극을 할 수 있다.

1 도입 – 5분

1) 재미있는 동화를 읽을 것이라고 안내한다.

2) 〈미운 아기 오리〉와 하얀색 아기 오리들 그림을 보여 주면서 학생들의 스키마를 형성한다. 낱말을 제시하면서 '미운 아기 오리, 예쁜 아기 오리' 등 주인공들을 칠판에 판서한다.

   🔵 여러분, 이 그림을 보세요. 이게 뭐예요?

   🔵 이 동물을 '오리'라고 해요. '아기 오리', '엄마 오리'가 있어요.

3) 〈미운 아기 오리〉 이야기를 들은 적이 있는지 물어본다.

   🔵 이 이야기를 알아요? 어디에서 봤어요? 오늘은 이 이야기를 한국어로 읽을 거예요.

2 제시, 설명, 연습 – 15분

1) 〈미운 아기 오리〉 이야기를 같이 읽는다.

2) 이야기를 읽을 때 '하얀 알', '못생기다', '싫어하다', '슬프다', '아름답다', '백조' 등 어휘의 의미를 그림을 통해 이해하도록 한다.

3) 학생들이 발음에 주의하면서 읽어 보게 한다.

   🔵 못생겼어요[몯쌩겨써요], 싫어했어요[시러해써요], 생각했어요[생가캐써요].

3 적용 – 15분

1) 역할 놀이를 준비한다.

2) 엄마 오리, 미운 아기 오리, 예쁜 아기 오리, 백조 역할을 정한다.

3) 대본을 만들지 않고 바로 연극을 할 수도 있고, 대본을 만들 수도 있다. 학생들이 대본 만드는 것을 어려워할 때는 제공하는 대본을 들은 뒤 쓰는 활동으로 진행할 수도 있다. (지도서 100쪽~101쪽 대본 참고)

4) 시간 여유가 되면 동물 탈과 이름표를 작성하여 연극을 구성한 뒤 발표해 보도록 한다.

4 정리 – 5분

1) 〈미운 아기 오리〉 이야기를 정리한다.

2) 연극을 발표할 시간을 공지한다. 발표할 때 탈을 만들어서 얼굴에 붙이거나 이름표를 가슴에 붙이면 좋다.

3) 앞에 나와서 발표해도 되고, 고학년들은 연극 동영상을 찍어서 제출할 수도 있다.

〈미운 아기 오리〉 연습용 대본

옛날 옛날에 아기 오리들이 태어났어요. 하얀 알들 속에서 예쁜 아기 오리들이 태어났어요.

엄마 오리는 말했어요.

엄마: _____

마지막 알에서 오리가 태어났어요. 그런데 그 오리는 너무 못생겼어요.

다른 오리들이 말했어요.

다른 오리: _____

다른 오리: _____

미운 아기 오리는 생각했어요.

미운 아기 오리: _____

엄마 오리는 아기 오리가 불쌍했어요.

엄마 오리: _____

미운 아기 오리는 다른 오리들이 모두 자기를 싫어해서 슬펐어요. 그래서 집을 나왔어요.

미운 아기 오리: _____

겨울이 되었어요. 미운 아기 오리는 너무 추웠어요.

미운 아기 오리: _____

겨울이 지나고 봄이 왔어요. 미운 아기 오리가 호수에 갔어요.

거기에서 크고 아름다운 새를 보았어요.

미운 아기 오리: _____

아름다운 새가 말했어요.

아름다운 새: _____

미운 아기 오리: _____

아름다운 새: _____

미운 아기 오리: _____

아름다운 새: _____

미운 아기 오리는 아름다운 백조였어요.

미운 아기 오리는 아름다운 백조가 돼서 행복하게 살았습니다.

〈미운 아기 오리〉 예시 대본

옛날 옛날에 아기 오리들이 태어났어요. 하얀 알들 속에서 예쁜 아기 오리들이 태어났어요.

엄마 오리는 말했어요.

엄마: 예쁜 아기들이 태어났구나. 정말 기쁘다.

마지막 알에서 오리가 태어났어요. 그런데 그 오리는 너무 못생겼어요.

다른 오리들이 말했어요.

다른 오리: 너는 너무 못생겼어!

다른 오리: 너는 너무 미워! 난 네가 싫어!

미운 아기 오리는 생각했어요.

미운 아기 오리: 다른 오리들이 다 나를 싫어해. 나도 다른 오리처럼 예쁜 오리가 됐으면 좋겠어.

엄마 오리는 아기 오리가 불쌍했어요.

엄마 오리: 엄마는 너를 사랑해. 아기 오리야.

미운 아기 오리는 다른 오리들이 모두 자기를 싫어해서 슬펐어요. 그래서 집을 나왔어요.

미운 아기 오리: 엄마, 안녕.

겨울이 되었어요. 미운 아기 오리는 너무 추웠어요.

미운 아기 오리: 너무 추워요. 엄마, 보고 싶어요.

겨울이 지나고 봄이 왔어요. 미운 아기 오리가 호수에 갔어요.

거기에서 크고 아름다운 새를 보았어요.

미운 아기 오리: 정말 예뻐요. 이름이 뭐예요?

아름다운 새가 말했어요.

아름다운 새: 나는 백조야.

미운 아기 오리: 백조요?

아름다운 새: 응, 너도 백조니까 나하고 같이 살았으면 좋겠어.

미운 아기 오리: 내가 백조예요?

아름다운 새: 응.

미운 아기 오리는 아름다운 백조였어요.

미운 아기 오리는 아름다운 백조가 돼서 행복하게 살았습니다.

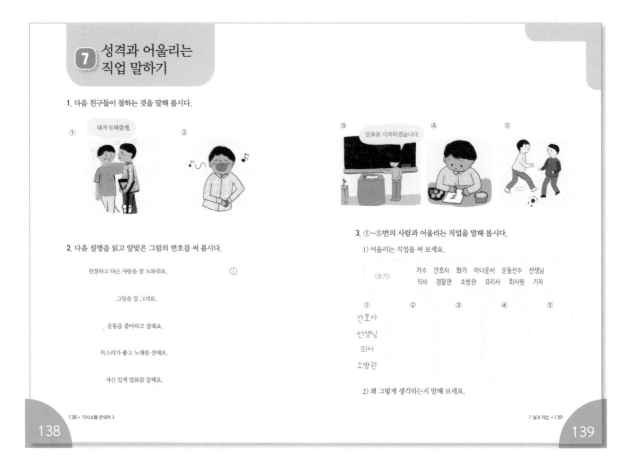

7차시 성격과 어울리는 직업 말하기

· 학습 목표
· 성격의 강점과 어울리는 직업을 연결한 뒤 그 이유를
  설명할 수 있다.

① 도입 – 3분

1) 교사가 자신의 성격과 직업을 연결하여 설명한다..

   🔴 여러분, 저는 한국어 선생님이에요.
   저는 목소리가 크고 한국어를 잘해요.
   그래서 한국어 선생님이 되었어요.
   여러분은 무엇을 잘해요?

② 제시, 설명 – 10분

1) 1번 지시문을 말한다.

   🔴 다음 친구들이 잘하는 것을 말해 봅시다.
   🔴 ①번 친구는 뭘 하고 있어요? 친구를 도와주고 있어요.
   ②번 친구는 뭘 하고 있어요? 노래를 하고 있어요.

   ※ 유의점: 교사는 '도와주다', '그림을 그리다'와 같은 핵심 낱
   말을 칠판을 쓴다.

③ 연습 – 5분

1) 2번 설명을 읽고 해당하는 그림을 찾도록 한다.

2) 학생이 다시 한번 소리 내어 설명을 읽도록 한다.

④ 적용 – 20분

1) 3번 지시문을 말한다.

   🔴 ①~⑤번의 사람과 어울리는 직업을 말해 봅시다.

2) 성격에 어울리는 직업을 다양하게 생각해 보도록 한다.

   🔴 친절하고 다른 사람을 잘 도와주는 사람은 어떤 직업을
   선택하면 좋을까요?

3) 답이 정해져 있는 것이 아니므로 다양한 대답을 할 수
   있도록 한다.

   🔴 친절하고 다른 사람을 잘 도와주는 사람은 간호사를 하면
   좋을 것 같아요. 그리고 운동선수를 하면 좋을 것 같아요.

4) 왜 그렇게 생각하는지 말해 보게 한다.

   ※ 다른 활동: 배운 직업명을 모두 칠판에 써 놓는다. '친절하고
   다른 사람을 잘 도와줘요', '그림을 잘 그려요'와 같은 특징
   을 종이에 적은 뒤, 그 종이를 가지고 돌아다니며 다른 학생
   들과 이야기해도 좋다.

   가: 친절하고 다른 사람을 잘 도와주는 사람은 어떤 직업을 선택하
   면 좋을까요?

   나: 저는….

⑤ 정리 – 2분

1) 학생들이 들은 대답을 정리하여 발표하도록 한다.

8 생각 넓히기

1. 미래에 인기가 더 많아질 직업들입니다. 그림을 보고 어떤 일을 하는지 생각해 봅시다.

① 우주 비행사

② 프로 게이머

③ 인터넷 1인 방송인

④ 로봇 과학자

⑤ 전기 차 기술자

⑥ 휴대 전화 앱 개발자

2. 미래에 인기가 더 많아질 직업에 대해 알아봅시다.

1) 다음 설명을 읽고 알맞은 그림의 번호를 써 봅시다.

로봇을 만들어요.

게임을 연습해요.

우주를 비행해요.

전기 자동차를 만들고 고쳐요.

휴대 전화 앱을 개발해요.

인터넷에 자기가 만든 영상을 올려요.

2) 여러분은 어떤 직업에 관심이 있어요? 친구와 이야기해 봅시다.

3. 여러분이 배운 직업 이름을 가지고 게임을 해 봅시다. [놀이]

〈놀이 방법〉

① 빨간색 카드(직업 이름)와 파란색 카드(하는 일)를 글자가 아래로 가게 뒤집어 놓아요.

② 짝이 맞으면 문장을 만들고 카드를 가져가요.
  예) 경찰관이 도둑을 잡아요.

③ 많은 카드를 가져간 사람이 승리!

8차시 생각 넓히기

• **학습 목표**
• 미래의 직업에 대해 이해하고 자신의 삶과 연결하여 설명할 수 있다.

1 도입 – 3분

1) 다양한 질문을 던지면서 학생들이 미래의 직업에 대해 관심을 갖도록 이끈다.

🔘 지금은 2020년이에요. 여러분은 2030년, 2040년에 어떤 직업이 인기가 많을 것 같아요?

🔘 미래에 사람들이 어떤 물건을 많이 사용할 것 같아요? 자동차? 비행기? 우주선? 컴퓨터?

🔘 미래에 무엇을 만드는 사람이 많아질 것 같아요? 로봇? 스마트폰?

🔘 미래에 사람들이 무엇에 관심이 많을 것 같아요? 환경? 건강? 노인?

2 제시, 설명 – 10분

1) 1번 지시문을 말한다.

🔘 미래에 인기가 더 많아질 직업들입니다. 그림을 보고 어떤 일을 하는지 생각해 봅시다.

2) 그림을 보면서 어떤 일을 하는지 추측하도록 한다. 교사는 보조 그림이나 사진(우주, 우주선, 우주인, 게임하는 영상, 전기 자동차 등)을 활용하여 학생들이 낱말의 의미를 이해할 수 있도록 한다.

🔘 이 사람은 '우주'를 비행해요. 우주 비행사예요.

3 연습 – 10분

1) 2번 설명을 함께 읽고 그림과 연결하도록 한다.

2) 학생이 다시 한번 설명을 소리 내어 읽도록 한다.

4 적용 – 15분

1) 어떤 직업에 관심이 있는지 친구와 이야기해 보도록 한다.

🔘 여러분은 어떤 직업에 관심이 있어요? 선생님은 자동차를 아주 좋아하거든요. 그래서 전기 차에 관심이 많아요. 저는 전기 차를 만들고 싶어요.

2) 직업과 하는 일을 연결하는 카드 게임을 해 본다. 붉은색 직업명과 파란색 하는 일을 연결한 뒤 문장으로 연결하여 말해 보게 한다.

5 정리 – 2분

1) 학생이 관심 있어 하는 직업을 물어본다.

2) 참고 영상을 찾아서 함께 본다.

예) 미래의 유망 직업 https://www.youtube.com/watch?v=XpwXOGsklVU

8단원 • 계획과 실천

● 단원의 개관

이 단원의 목표는 학생들이 자신의 미래 계획에 대하여 자신 있게 이야기하는 능력을 함양하는 데 있다. 또 더 나아가 스스로 자신의 계획을 세우고 이에 대한 실천을 다짐하게 하는 데 목표가 있다. 이 단원의 학습을 통해서 학생들은 미래와 관련된 동사를 활용하여 계획과 관련된 어휘를 학습하고 일상생활의 장면에서 자신의 방학 계획과 새해 다짐을 자신 있게 말할 수 있다.

학습 목표	• 미래의 계획에 대해 이야기할 수 있다. • 앞으로 할 일의 계획을 세우고 실천을 다짐할 수 있다.						
주제	장면		기능	문법	어휘	문화	담화 유형
	일상생활	학교생활					
계획과 실천	부모님 나라 여행 계획	방학 계획	방학 계획 이야기하기 새해 계획 세우기	-는 김에 -을 것 같다 -기로 하다 -기 때문에	방학 계획	여러 나라의 학사 일정	대화 생활 계획표 다짐 글 일기
	새해 계획	생활 계획표					

● 차시 전개 과정

차시	차시 제목	성격	학습 내용	교재 쪽수	익힘책 쪽수
1	여행 계획	필수	• 여행 계획을 말할 수 있다.	144	84
2	방학 계획	필수	• 방학 계획을 말할 수 있다.	146	86
3	생활 계획표	필수	• 생활 계획표를 읽을 수 있다.	148	88
4	새해 다짐 일기	필수	• 새해 계획을 다짐하는 일기를 쓸 수 있다.	150	90
5	역할 놀이 하기	선택	• 역할 놀이를 할 수 있다.	152	-
6	생활 계획표 만들기	선택	• 생활 계획표를 만들고 설명할 수 있다.	154	-
7	새해 계획 조사하기	선택	• 새해 계획을 조사하고 발표할 수 있다.	156	-
8	생각 넓히기	선택	• 세계 여러 나라의 개학과 방학에 대해 알 수 있다.	158	-

● 단원 지도상의 유의점

◆ 〈의사소통 한국어〉 교재의 특성상 낱말, 표현, 문법을 분리하지 않고, 주어진 장면과 상황 안에서 통합적으로 학습할 수 있도록 지도한다. 그림과 사진을 통해 어휘 및 표현을 이해하고, 제시된 대화나 활동으로 문법을 이해할 수 있도록 교수한다.

◆ 마지막 적용 문항에서는 매 차시 배운 어휘나 문법을 활용해 차시별 학습 주제를 2~3문장 이상의 복문으로 말할 수 있도록 지도한다.

◆ 어휘나 표현에 대한 지식은 '어휘 지식'으로, 체언이나 용언에 결합하는 조사나 문형은 '문법 지식'으로 구분하여 제시한다.

1차시 여행 계획

・ 주요 학습 내용

> 어휘
> 뵙다, 베트남, 친구를 만나다, 친척
>
> 문법 및 표현
> -는 김에
>
> 준비물
> 듣기 자료

・ 학습 목표
• 여행 계획을 말할 수 있다.

1 도입 – 3분

1) 교재 단원 도입의 그림을 보고 간단한 질문을 주고받는다.
   - 図 그림 속 친구들이 무엇을 하고 있어요?
   - 図 여학생은 방학 때 무엇을 할 것 같아요?
   - 図 내가 해 보고 싶은 활동에 ○표 한 뒤 이야기해 봅시다.

2) 교재에 나온 도입 질문을 한다.
   - 図 여러분은 방학 때 무엇을 하기로 했어요?
   - 図 여러분의 새해 계획은 뭐예요?

3) 이번 단원을 배우면 미래의 계획에 대해 말할 수 있다고 설명한다.

4) 144쪽 1번 그림들을 보면서 오늘 배울 내용을 안내한다.
   - 図 그림 속의 타이선은 무엇을 하고 있어요?

2 제시, 설명 – 10분

1) 교사는 그림을 보고 타이선과 어머니는 무엇을 하고 있는지 물어보며 학습으로 유도한다.

2) 듣기 자료를 듣고 질문에 답하게 한다.

> 듣기 자료 ● 22
> 타이선: 엄마, 방학 때 특별한 계획이 있어요?
> 엄마: 할머니를 뵈러 베트남에 갈 거야. 그리고 할머니를 뵈러 가는 김에 베트남 여행도 할 계획이야.
> 타이선: 와, 신난다!

   - 図 타이선과 어머니는 무슨 이야기를 해요?
   - 図 타이선은 방학에 무엇을 할 거예요?
   - 図 베트남에 가서 무엇을 할 계획이에요?

3) 대화 내용(●22)을 다시 한번 듣고 1번 그림을 보면서 엄마와 타이선의 대화를 짝과 함께 연습하게 한다.

4) 짝과 역할을 나누어 다시 읽어 보게 한다.

5) 익힘책 84쪽 1번을 풀게 한다.

1 여행 계획

1. 타이선과 어머니의 대화를 들어 봅시다.  22

1) 타이선과 어머니는 무슨 이야기를 해요?

2) 베트남에 가서 무엇을 할 계획이에요?

와, 신난다!

할머니를 뵈러 가는 김에 베트남 여행도 할 계획이야.

144 • 의사소통 한국어 3

144

어휘 지식

뵙다/뵈다	윗사람을 만나러 가다. 예 선생님을 뵈러 갔어요. 방학 때 할머니 댁에 가서 할머니를 뵙고 왔다.
베트남	동남아시아의 인도차이나반도 동쪽에 있는 나라. 예 베트남에 갈 거예요. 할아버지가 베트남에 사세요..
친구를 만나다	사이가 가까워 서로 친하게 지내는 사람과 둘이 서로 마주 대하다. 예 오랜만에 친구를 만나서 반가웠다. 놀이터에서 친구를 만났다.
친척	부모나 배우자와 혈연관계가 있는 사람. 예 설날에 친척들을 많이 만났다. 친척들이 집에 모였다.

뵙다, 베트남,
친구를 만나다, 친척

－는 김에

2. 타이선의 어머니는 어떤 일과 어떤 일을 같이 하고 싶어 해요? 〈보기〉와 같이 문장을 만들어 봅시다.

〈보기〉　　할머니를 뵈러 가다.　　　　　일본 여행을 하다.
　　➡　할머니를 뵈러 가는 김에 일본 여행도 할 계획이야.

1)　　　할머니를 뵈러 가다.　　　　　친구를 만나다.
　　➡　할머니를 뵈러 가는 김에 ＿＿＿＿＿＿＿＿＿ 계획이야.

2)　　　할머니를 뵈러 가다.　　　　　다른 친척을 만나다.
　　➡　＿＿＿＿＿＿＿ 가는 김에 ＿＿＿＿＿＿ 계획이야.

3. 할아버지나 할머니께 문자 메시지를 보내 볼까요? 어떤 내용의 문자 메시지를 보낼지 써 봅시다.

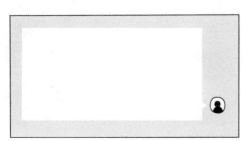

문법 지식

－는 김에

· 어떤 행위를 주된 목적으로 하면서 그것을 기회로 다른 행위를 할 때 사용한다. 동사에 붙어 앞 절의 행위를 함에 더하여 그 기회에 뒤 절의 다른 행위를 함께 함을 나타낸다. 앞 절의 행동이 원래의 목적이지만 앞 절의 행동을 하면서 동시에 할 수 있는 다른 행동도 같이 할 때 사용한다.

	조건	형태	예시
①	받침 ○, ×	－는 김에	씻는 김에, 읽는 김에, 먹는 김에, 보는 김에, 가는 김에, 사는 김에
②	ㄹ 받침	－는 김에 (어간 'ㄹ' 탈락)	사는 김에, 노는 김에, 만드는 김에

· '－는 김에'는 동사 어간의 받침 유무에 상관없이 형태가 달라지지 않는다. 다만, 'ㄹ' 받침으로 끝나는 동사의 경우는 'ㄹ'이 탈락함에 주의한다.

1) 2번의 〈보기〉 문장을 학생들과 함께 읽어 본다.

2) 익힘책 84쪽 2번, 85쪽 3번, 4번을 풀게 한다.

　🔲 〈보기〉와 같이 빈칸에 알맞은 말을 써서 문장을 완성해 봅시다.

3) 다 같이 답을 확인한 후 짝과 함께 문장을 연습하도록 한다.

4) 2번의 내용을 자신이라면 어떻게 바꾸고 싶은지 묻고 답하도록 한다.

　🔲 할머니를 뵈러 간 김에 또 어떤 것들을 함께 하고 싶어요?

④ 적용 – 12분

1) 방학 때 할머니나 할아버지를 뵈러 가면 함께 하고 싶은 일들을 주고받게 한다.

2) 방학 때 할머니나 할아버지께 뵈러 간다는 문자의 내용을 3번에 적게 한다.

3) 친구들에게 3번에서 적은 내용을 발표하게 한다.

　※ 유의점: 휴대 전화가 있는 학생은 할머니나 할아버지께 직접 문자를 보내도록 하고, 없는 학생은 집에 가서 부모님 휴대 전화로 문자를 보낼 수 있도록 과제를 제시한다. 그리고 할머니나 할아버지께 어떤 문자를 받았는지를 친구들에게 소개하는 시간을 갖는다.

⑤ 정리 – 2분

1) 방학 때 하고 싶은 일들을 물어본 뒤 오늘 배운 '－는 김에' 표현을 학생들이 잘 알고 있는지 확인한다.

2) 차시 예고를 한다.

　🔲 다음 시간에는 방학 계획에 대해 이야기해 볼 거예요. 여러분은 방학 때 어떤 일을 할 거예요? 부모님께 물어보세요.

2차시 방학 계획

• 주요 학습 내용

> 어휘
> 할머니 댁, 스키장, 놀이공원
>
> 문법 및 표현
> -을 것 같다
>
> 준비물
> 듣기 자료

• 학습 목표
• 방학 계획을 말할 수 있다.

① 도입 – 3분

1) 학생들에게 지난 시간에 배운 내용을 기억하고 있는지 확인한다.
   [신] 타이선의 어머니는 할머니를 뵈러 가는 김에 무엇을 같이 할 거예요?

② 제시, 설명 – 10분

1) 1번 그림을 보며 방학 때 하고 싶은 활동에 대해 흥미를 유도한다.
   [신] 그림 속 친구들은 어떤 상상을 하고 있어요?
   [신] 이 중에서 여러분이 방학 때 하고 싶은 일은 뭐예요?

2) 듣기 자료를 듣고 선생님과 학생들의 대화 내용을 확인하게 한다.

> 듣기 자료 🔊 23
> 선생님: 여러분, 방학 때 무엇을 할 거예요?
> 학생 1: 저는 할머니 댁에 갈 거예요.
> 학생 2: 저는 잘 모르겠지만 스키장에 갈 것 같아요.
> 학생 3: 저도 잘 모르겠어요. 그런데 가족 여행을 갈 것 같아요.
> 학생 4: 저는 놀이공원에 가고 싶어요.

   [신] 선생님과 친구들은 무엇에 대해 이야기하고 있어요?
   [신] 친구들은 무엇을 하고 싶어 해요?
   [신] 친구들이 방학 때 하고 싶은 일들을 이야기해 봅시다.

---

② 방학 계획

1. 대화를 들고 친구들이 방학 때 무엇을 할 계획인지 알아봅시다. 🔊 23

   1) 선생님께서 뭐라고 물어보셨어요?

   2) 친구들은 무엇을 할 것 같아요?

방학 때 무엇을 할 거예요?

146 • 의사소통 한국어 3

146

> **문법 지식**
>
> **-을 것 같다**
> • 추측을 나타내는 표현으로 동사나 형용사 '이다, 아니다'에 붙어 말하는 사람이 어떤 일에 대해 추측함을 나타낸다. 여러 상황으로 미루어 추측하는 말을 할 때 주로 사용한다.
>
> | | 조건 | 형태 | 예시 |
> |---|---|---|---|
> | ① | 받침 ○ | -을 것 같다 | 찾을 것 같다, 먹을 것 같다, 입을 것 같다, 좋을 것 같다, 작을 것 같다, 넓을 것 같다 |
> | ② | 받침 × | -ㄹ 것 같다 | 갈 것 같다, 클 것 같다, 배울 것 같다, 예쁠 것 같다 |
> | | ㄹ 받침 | -ㄹ 것 같다 (어간 'ㄹ' 탈락) | 졸 것 같다, 만들 것 같다 |

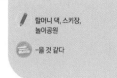

할머니 댁, 스키장, 놀이공원

-을 것 같다

2. 〈보기〉와 같이 방학 계획에 대해 친구와 함께 묻고 답해 봅시다.

〈보기〉
가: 너는 방학에 뭐 할 거야?
나: 나는 할머니 댁에 갈 것 같아.

가족 여행

스키장

놀이공원

3. 여러분은 방학 때 무엇을 할 계획인지 말해 봅시다.

저는 방학 때

것 같아요.

8. 계획과 실천 • 147

147

너는 방학에 뭐 할 거야?
🔵 세 번째 그림을 보고 선생님 질문에 대답해 봅시다.
너는 방학에 뭐 할 거야?

2) 짝과 2번 그림들을 보고 〈보기〉와 같이 방학 계획을 묻고 답하도록 한다.

3) 짝과 역할을 바꾸어 방학 계획에 대해 질문과 대답을 해 보도록 한다.

4) 익힘책 86쪽 1번, 2번을 풀게 한다.

4 적용 – 15분

1) 교재 147쪽까지 학습한 후 익힘책 87쪽 3번을 풀게 한다.
🔵 여러분은 방학 때 무엇을 할 거예요?
🔵 여러분의 계획을 빈칸에 써 보세요.
🔵 여러분의 계획을 친구들에게 소개해 보세요.

2) '나와 같은 계획 친구 찾기' 활동을 하도록 한다.
   ※ 추가 활동
   ① 자신의 방학 계획 활동을 한 가지 정한다.
   ② 친구를 만나면 '방학에 뭐 할 거야?', '-을 것 같아' 표현을 활용하여 계획을 물어본다.
   ③ 대화를 주고받은 뒤 자신과 계획이 같은 친구와는 무리를 만들어 교실을 다닌다.
   ④ 활동 시간이 종료된 뒤 우리 반에서 친구들이 방학 때 가장 많이 하려고 하는 일은 무엇인지 알아본다.

5 정리 – 2분

1) 이번 시간에 배운 내용을 확인한다.
🔵 방학에 뭐 할 거예요?

2) 차시 예고를 한다.

어휘 지식

할머니 댁	할머니 집을 높여 일컫는 말. 🔴 할머니 댁에 갔다. 우리 집에서 할머니 댁은 멀다.
스키장	스키를 탈 수 있는 시설을 갖춘 곳. 🔴 겨울에 스키장에 간다. 스키장에는 사람들이 많다.
놀이공원	구경하거나 타고 놀 수 있도록 여러 가지 시설이나 놀이 기구를 갖추어 놓은 곳. 🔴 어린이날에 부모님과 같이 놀이공원에 갔어요. 놀이공원에서 놀이 기구를 많이 탈 거예요.

3 연습 – 10분

1) 교사가 먼저 2번 〈보기〉처럼 질문을 하고 학생들이 대답하게 한다.
🔵 첫 번째 그림을 보고 선생님 질문에 대답해 봅시다.
너는 방학에 뭐 할 거야?
🔵 두 번째 그림을 보고 선생님 질문에 대답해 봅시다.

· 주요 학습 내용

> **어휘**
> 생활 계획표, 일어나기, 자유 시간, 학원 가기, 텔레비전 보기,
> 일기 쓰기, 잠자기
>
> **문법 및 표현**
> -기로 하다
>
> **준비물**
> 생활 계획표

· 학습 목표

· 생활 계획표를 읽을 수 있다.

1 도입 – 3분

1) 학생들에게 지난 시간에 배운 내용을 기억하고 있는지 확인한다.
   📧 방학에 뭐 할 거예요?

2 제시, 설명 – 10분

1) 1번 그림을 살펴보며 생활 계획표와 관련된 질문을 주고받으며 본 차시 학습으로 유도한다.
   📧 생활 계획표를 만들어 본 적 있어요?
   📧 주로 언제 적는 거예요?
   📧 어떤 내용이 들어가요?

2) 교재 148쪽을 학습한 후 연장 활동으로 익힘책 88쪽 1번을 풀게 한다.
   📧 준서는 몇 시에 일어나요?
   📧 준서가 잠드는 시간은 몇 시예요?
   📧 준서는 언제 방학 숙제를 해요?
   📧 준서는 저녁을 먹고 나서 무엇을 해요?

어휘 지식	
생활 계획표	앞으로 할 일이나 방법을 미리 정하여 적은 표. 📧 생활 계획표를 만들었다. 생활 계획표대로 실천해야 한다.
일어나기	잠에서 깨어나는 것. 📧 아침에 일찍 일어나기. 혼자서 일어나기.
자유 시간	무엇에 얽매이거나 구속되지 않고 자기의 생각과 의지대로 할 수 있는 시간. 📧 자유 시간에 책을 읽는다. 자유 시간에 놀이를 한다.

---

3 생활 계획표

1. 생활 계획표를 만들어 본 적이 있어요? 준서의 방학 생활 계획을 살펴봅시다.

1) 준서는 몇 시에 일어나요? 또 몇 시에 자요?

2) 방학 숙제는 언제 해요?

3) 저녁을 먹고 나서 무엇을 해요?

학원 가기	학생을 모집하여 지식, 기술, 예체능 등을 가르치는 사립 교육 기관에 가는 것. 📧 방과 후에 학원 가기. 걸어서 학원 가기.
텔레비전 보기	텔레비전을 보는 것. 📧 숙제를 끝내고 텔레비전 보기. 가족과 함께 텔레비전 보기.
일기 쓰기	날마다 그날그날 겪은 일이나 생각, 느낌 등을 적은 글 쓰기. 📧 날마다 일기 쓰기. 일기 쓰기 숙제.
잠자기	잠을 자는 것. 📧 일찍 잠자기 부족한 잠자기.

생활 계획표, 일어나기, 자유 시간, 학원 가기, 텔레비전 보기, 일기 쓰기, 잠자기

–기로 하다

2. 준서 입장이 되어 (   )에 알맞은 말을 써 봅시다. 그리고 친구와 함께 질문과 대답을 해 봅시다.

질문	대답
1) 아침 먹고 나서 무엇을 하기로 했어?	( )을/를 하기로 했어.
2) 방학 숙제를 하고 나서 무엇을 하기로 했어?	( )을/를 읽기로 했어.
3) 점심을 먹고 나서 무엇을 하기로 했어?	( )을/를 갖기로 했어.
4) 학원을 갔다 와서 무엇을 하기로 했어?	( )을/를 배우기로 했어.
5) 텔레비전을 보고 나서 무엇을 하기로 했어?	( )을/를 쓰기로 했어.

3. 자유 시간에는 무엇을 하면 좋을지 말해 봅시다.

                          좋을 것 같아요.

8. 계획과 실천 • 149

149

문법 지식

–기로 하다

· 계획하거나 결정함을 나타내는 표현으로 동사에 붙어 어떤 행위에 대하여 그렇게 할 것을 계획하거나 결정함을 나타낸다. 상대에게 제안하거나 약속을 할 때 또는 자신의 결심이나 결정을 이야기할 때 사용한다.

	조건	형태	예시
①	받침 ○	–기로 하다	먹기로 하다, 만들기로 하다, 앉기로 하다
②	받침 ×	–기로 하다	가기로 하다, 자기로 하다, 공부하기로 하다

· '–기로 하다'는 동사 어간의 받침 유무에 상관없이 형태가 달라지지 않는다.

③ 연습 - 22분

1) 준서의 입장이 되어 2번의 빈칸에 알맞은 말을 쓰게 한다.

🔵 친구와 함께 한 사람이 질문을 하면 다른 사람은 대답을 합니다. 그리고 역할을 바꾸어 이번에는 대답을 한 사람이 질문을 하고 질문을 한 사람은 대답을 합니다.

2) 2번 문제를 풀게 한다.

🔵 준서는 아침을 먹고 나서 무엇을 하기로 했어요?
준서는 방학 숙제를 하고 나서 무엇을 하기로 했어요?
준서는 점심을 먹고 나서 무엇을 하기로 했어요?
준서는 학원을 갔다 와서 무엇을 하기로 했어요?
준서는 텔레비전을 보고 나서 무엇을 하기로 했어요?

3) 교사와 학생이 질문과 대답의 역할을 나누어 대화를 연습한다.

4) 짝과 역할을 나누어 질문과 대답을 주고받게 한다.

5) 익힘책 89쪽 2번, 3번을 풀게 한다.

④ 적용 - 10분

1) 준서의 생활 계획 중 자유 시간에 무엇을 하면 좋을지 말해 보게 한다.

🔵 준서는 자유 시간에 무엇을 하면 좋을까요?

2) 적은 내용을 바탕으로 자유 시간에 무엇을 하면 좋을지 발표해 보게 한다.

⑤ 정리 - 5분

1) 학생들과 계획에 관한 질문을 주고받으며 배운 표현을 잘 알고 있는지 확인한다.

🔵 점심 먹고 나서 무엇을 하기로 했어요?
🔵 학원을 다녀온 뒤에 무엇을 하기로 했어요?

2) 차시 예고를 한다.

· 주요 학습 내용

> 어휘
> 일기를 쓰다, 새해를 맞이하다, 계획을 세우다, 한국어 실력, 부족하다
>
> 문법 및 표현
> -기 때문에

· 학습 목표
· 새해 계획을 다짐하는 일기를 쓸 수 있다.

1 도입 – 5분

1) 새해에 관한 여러 가지 질문을 주고받으며 자연스럽게 본 차시 학습에 대한 학생들의 관심을 유도한다.
   - 웹 (1번 그림을 보며) 사람들이 무엇을 보고 있어요?
     여러분은 새해에 어떤 계획이 있어요?

2 제시, 설명 – 10분

1) 학생들과 1번 그림을 보면서 질문과 대답을 주고받는다.
   - 웹 장위는 무엇을 하고 있어요?
   - 웹 장위가 언제 쓴 일기예요?
     장위의 새해 계획 두 가지를 쓴 뒤 발표해 봅시다.

2) 장위의 일기를 다 같이 소리 내어 한 번 더 읽어 보게 한다.

3) 익힘책 90쪽 1번을 풀게 한다.

어휘 지식	
일기를 쓰다	날마다 그날그날 겪은 일이나 생각, 느낌 등을 글로 적어 나타내다. 예 매일 일기를 씁니다. 잠자기 전에 일기를 쓴다.
새해를 맞이하다	새로 시작되는 해를 맞다. 예 희망찬 새해를 맞이하고 싶어요. 밝아 오는 새해를 맞읍시다.
계획을 세우다	앞으로의 일을 자세히 생각하여 계획이나 결심을 확실히 정하다. 예 새해 계획을 세우자. 새 학기 계획을 세웠어요.
한국어 실력	한국어를 잘할 수 있는 능력. 예 한국어 실력이 부족해요. 한국어 실력이 좋아지고 있어요.
부족하다	사람의 인품이나 능력이 모자라다. 예 능력은 부족하지만 열심히 하겠습니다. 나는 한국말로 글 쓰는 실력이 부족하다.

4 새해 다짐 일기

1. 장위가 새해를 맞이하며 쓴 일기를 읽어 봅시다.

20○○년 1월 1일   날씨: 맑음

제목: 새해 계획

오늘은 새해의 첫날이다. 나는 새해를 맞이하여 새로운 계획을 세우고 싶다. 나는 새해에 더욱 건강해지고 싶기 때문에 줄넘기를 열심히 할 것이다. 그리고 한국어 실력이 부족하기 때문에 하루에 한 시간씩 한국어 공부를 할 계획이다.

1) 언제 쓴 일기예요?

2) 장위의 새해 계획을 쓰세요.

나는 _____ 기 때문에
_____ 할 것이다.

한국어 실력이 _____ 기 때문에
하루에 한 시간씩 _____ 계획이다.

> **문법 지식**
>
> **-기 때문에**
> · 어떤 일의 이유나 원인을 나타내는 표현으로 동사나 형용사 '이다, 아니다'에 붙어 앞 절이 뒤 절의 이유나 원인이 됨을 나타낸다.
>
> | | 조건 | 형태 | 예시 |
> |---|---|---|---|
> | ① | 받침 ○ | -기 때문에 | 찾기 때문에, 살기 때문에, 좋기 때문에, 작기 때문에 |
> | ② | 받침 ✕ | -기 때문에 | 사기 때문에, 공부하기 때문에, 예쁘기 때문에, 착하기 때문에 |
>
> · '-기 때문에'는 동사 어간의 받침 유무에 상관없이 형태가 달라지지 않는다.

일기를 쓰다, 새해를
맞이하다, 계획을 세우다,
한국어 실력, 부족하다

-기 때문에

2. 〈보기〉와 같이 여러분의 새해 계획을 써 봅시다.

〈보기〉 더욱 건강해지고 싶다. ➡ 줄넘기를 열심히 할 것이다.

➡

➡

3. 여러분의 새해 계획을 다짐하는 일기를 써 봅시다.

2○○○년 ○월 ○일   날씨:

제목: ------------------------

오늘은 새해의 첫날이다. 나는 새해를 맞이하여

새로운 계획을 세우고 싶다.

나는 새해에 --------------------기 때문에

--------------------------------------.

그리고 --------------------------기 때문에

--------------------------------------.

151

2) 3번에 새해 계획 다짐 일기를 쓰고 발표하게 한다.

5 정리 – 3분

1) 새해 계획을 학생들과 묻고 답하면서 '-기 때문에' 표현을 한 번 더 상기할 수 있도록 한다.

2) 선택 차시에서 공부할 내용을 간단히 소개한다.

3 연습 – 10분

1) 새해 계획을 〈보기〉처럼 이유와 함께 2번에 적게 한다.

신 더욱 건강해지고 싶기 때문에 줄넘기를 열심히 할 것이다.

　※ 유의점: 학생들이 글쓰기를 어려워할 경우 앞부분에는 새해에 소망하는 바람을 쓰고, 뒷부분에는 어떻게 할 것인지 구체적인 실천 계획을 쓰도록 안내한다. 이와 같이 새해 계획을 인과 관계로 쓰기 어려워하면 말로 표현하게 한 다음에 교사가 그것을 구조화해 준다.

2) 2번에 쓴 새해 계획을 모둠 친구들과 묻고 답하게 한다.

3) 익힘책 90쪽 2번, 3번, 91쪽 4번을 풀게 한다.

4 적용 – 12분

1) 2번에서 쓴 새해 계획을 바탕으로 나만의 새해 계획 다짐 일기를 쓰게 한다.

　※ 유의점: 교사는 순회 지도를 하며 첫 문장을 목표 문법과 잘 연결 지었는지와 두 번째 문장의 종결 표현을 자연스럽게 사용했는지를 점검하고 적절한 도움을 제공하도록 한다.

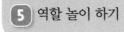

5 역할 놀이 하기

1. 타이선과 장위의 대화를 듣고 물음에 답해 봅시다. 📻 24

  1) 타이선과 장위는 무엇에 대해 이야기해요?

  2) 타이선의 엄마는 뭐라고 말했어요?

2. 대화를 다시 듣고, 빈칸에 알맞은 내용을 써서 대화를 완성해 봅시다. 📻 24

타이선,
방학 때 뭐 하기로 했어?

할머니를 _____

어디로 가는데?

할머니께서 _____
베트남으로 갈 거야.

응, 엄마도 그렇게
말씀하셨어.

좋겠다. 할머니를
베트남 여행도 하면 되겠네.

3. 그림을 보고 역할을 정하여 대화해 봅시다.

  1) 장위와 타이선 역할을 정해 대화를 해 보세요.

  2) 서로 역할을 바꾸어 대화를 해 보세요.

  3) 할머니께서 계신 곳을 바꾸어 대화를 해 보세요.

할머니께서 베트남에 계시기
때문에 베트남으로 갈 거야.

↓

할머니께서
_____ 에 계시기 때문에
_____ 로/으로 갈 거야.

5차시 역할 놀이 하기

· **학습 목표**
· 역할 놀이를 할 수 있다.

1 도입 - 3분

1) 학생들이 필수 차시에서 배운 내용을 기억하고 있는지 확인한다.

  🔵 여러분의 방학 계획은 뭐예요?
    새해에는 무엇을 할 계획이에요?

2 제시, 설명 - 7분

1) 8단원에서 배운 계획과 관련된 내용에 대해 질문을 한다.

  🔵 여러분의 방학 계획은 무엇인가요?
    나의 새해 다짐을 말해 봅시다.

2) 장위와 타이선의 대화(📻 24)를 듣고 대화 내용을 확인하게 한다.

  🔵 장위와 타이선은 무엇에 대해 이야기하고 있어요?
    타이선의 어머니는 베트남에 가서 무엇을 하실 거예요?
    타이선은 방학 때 무엇을 하기로 했어요?

3 연습 - 13분

1) 장위와 타이선의 대화(📻 24)를 다시 듣고 빈칸에 들어갈 말을 쓰게 한다.

2) 대화 내용을 다시 들으면서 쓴 내용이 맞는지 확인하게 한다.

3) 선생님을 따라 역할 놀이의 대본을 한 번씩 읽게 한다.

4) 교실 전체 학생들이 역할을 나누어 연습하도록 한다.

4 적용 - 15분

1) 짝과 역할을 나누어 대화하게 한다.

2) 역할 놀이의 대화를 친구들 앞에서 실감 나게 발표하게 한다.

3) 할머니가 계신 곳을 바꾸어 3-3)에 쓰게 한다.

4) 바꾼 내용을 바탕으로 역할 놀이를 하도록 한다.

5 정리 - 2분

1) 이번 차시에서 배운 내용을 확인한다.

2) 역할 놀이를 한 소감을 발표하게 한다.

6 생활 계획표 만들기

1. 방학 때 하루를 어떻게 보낼 거예요? 친구와 함께 생활 계획에 대해 이야기해 봅시다.

친구: 질문	나: 대답
① 몇 시에 일어날 거야?	……………… 시에 일어날 거야.
② 아침은 몇 시에 먹을거야?	……………… 시에 먹을 거야.
③ 아침 먹고 나서 무엇을 할 거야?	……………… 고 싶어.
④ 점심은 몇 시에 먹을거야?	……………… 시에 먹을 거야.
⑤ 점심 먹고 나서 무엇을 할 거야?	……………… 고 싶어.
⑥ 저녁은 몇 시에 먹을거야?	……………… 시에 먹을 거야.
⑦ 저녁 먹고 나서 무엇을 할 거야?	……………… 고 싶어.
⑧ 몇 시에 잘 거야?	……………… 시에 잘 거야.
⑨	
⑩	
⑪	
⑫	
⑬	

2. 친구와 함께 이야기한 내용을 중심으로 생활 계획표를 만들어 봅시다.

3. 친구가 만든 생활 계획표와 비교해 봅시다.

　1) 어떤 점이 같아요?

　2) 어떤 점이 달라요?

6차시 생활 계획표 만들기

· **학습 목표**
· 생활 계획표를 만들고 설명할 수 있다.

1 도입 – 5분

1) 3차시에서 학습한 준서의 생활 계획표를 다시 보면서 배운 내용을 복습한다

　진 준서는 몇 시에 일어나요?

　준서는 점심을 먹고 나서 무엇을 해요?

2 제시, 설명 – 15분

1) 친구와 질문과 대답을 주고받게 하면서 생활 계획에 대해 이야기를 주고받는 방법을 알려 준다.

　진 선생님이 질문하면 다 같이 대답을 해 봅시다.

　몇 시에 일어날 거예요?

　아침은 몇 시에 먹을 거예요?

　아침 먹고 나서 무엇을 할 거예요?

2) 친구와 함께 방학 생활 계획에 대해 이야기를 주고받으며 1번 빈칸에 적게 한다.

3) 역할을 바꾸어 질문을 하고 대답하며 빈칸에 적게 한다.

4) 빈칸에 쓴 방학 생활 계획을 발표하게 한다.

3 연습 – 10분

1) 1번에서 적은 내용을 바탕으로 자신의 생활 계획표를 만들게 한다.

2) 생활 계획표를 다 만든 다음 색연필로 예쁘게 꾸미게 한다.

　※ 유의점: 6차시의 목적은 생활 계획표를 만든 뒤 설명하는 것에 있으므로, 만들기 활동에만 지나치게 매몰되지 않도록 주의한다.

4 적용 – 7분

1) 2번에서 작성한 생활 계획표를 짝과 바꾸어 보고 서로 같은 점과 다른 점을 비교하여 발표하게 한다.

　진 어떤 점이 같아요?

　어떤 점이 달라요?

5 정리 – 3분

1) 생활 계획표를 보면서 ‘-기로 하다’의 표현을 사용하여 방학 계획을 한 가지씩 말하게 한다.

2) 친구들의 방학 계획 중에서 기억에 남는 내용을 말해 보게 한다.

7차시 새해 계획 조사하기

- **학습 목표**
- 새해 계획을 조사하고 발표할 수 있다.

1 도입 – 3분

1) 필수 차시에서 학습한 표현과 관련된 질문을 하면서 복습을 한다.

   ☑ 선생님의 새해 계획은 운동하기입니다. 왜 그런 계획을 세웠을까요?

2 제시, 설명 – 10분

1) 1번 그림을 보면서 새해 계획과 관련된 이야기를 주고받는다.

   ☑ 그림의 학생들은 새해를 맞아서 어떤 계획을 세웠어요?

2) 자신의 새해 계획을 떠올린 후 발표하게 한다.

   ☑ 여러분은 새해에 무엇을 할 거예요?

3 연습 – 8분

1) 친구들의 새해 계획을 2번 〈보기〉와 같이 묻고 답하여 조사하게 한다.

   ※ 유의점: 친구가 대답한 내용을 명사형으로 정리하기 어려워 하는 학생들은 교사가 도와주도록 한다.

2) 조사한 내용을 2번 빈칸에 적게 한다.

4 적용 – 10분

1) 학생들이 새해에 하고 싶어 하는 일을 발표하게 한다.

2) 학생들이 새해에 하고 싶어 하는 일을 칠판에 적고 그 횟수를 표시한다.

3) 학생들이 새해에 가장 하고 싶어 하는 일들을 3번에 순서대로 적게 한다.

   ☑ 가장 많은 친구들이 하고 싶어 하는 일은 뭐예요?
   그다음으로 많이 하고 싶어 하는 일은 뭐예요?
   세 번째로 많이 하고 싶어 하는 일은 뭐예요?

   ※ 추가 활동: 진진가 활동

   ① 세 가지 새해 계획 중 두 가지 계획은 진짜 계획을, 한 가지는 가짜 계획을 적는다.

   ② 한 명씩 자신이 적은 세 가지 계획을 친구들에게 말하고 친구들은 가짜 계획을 찾아낸다.

   ③ 가짜 계획을 맞힌 친구가 다음 차례가 되어 자신의 경험을 말한다.

5 정리 – 2분

1) 친구들의 새해 계획 중 자신도 하고 싶은 일을 물어보면서 배운 내용을 정리하게 한다.

8 생각 넓히기

1. 세계 여러 나라 학교의 개학과 방학에 대해 알아봅시다.

나라	학년 시작과 끝	방학	특징
대한민국	3월 ~ 2월	여름 방학 겨울 방학 봄 방학	여름 방학과 겨울 방학이 길다.
	9월 ~ 8월	가을 방학 겨울 방학 봄 방학 여름 방학	여름 방학이 길다.
	4월 ~ 3월	여름 방학 겨울 방학 봄 방학	여름 방학이 길다.
	6월 ~ 5월	여름 방학 겨울 방학	여름 방학이 길다.
	9월 ~ 8월	여름 방학 겨울 방학	여름 방학이 길다.

1) 어느 나라 국기인지 써 보세요.

2) 3월에 새 학년이 시작되는 나라는 어디예요?

3) 세계 여러 나라의 방학에 어떤 공통점이 있어요?

158 • 의사소통 한국어 3

2. 여러분 학교는 언제 방학을 해요? 그리고 언제 개학을 해요?
달력에 표시해 봅시다.

3. 한국 학교의 개학과 방학에 대하여 소개해 봅시다.

8. 계획과 실천 • 159

8차시 생각 넓히기

· 학습 목표
· 세계 여러 나라의 개학과 방학에 대해 알 수 있다.

1 도입 – 3분

1) 그림의 세계 여러 나라 국기를 살펴보면서 본 차시 학습의 흥미를 유도한다.
- 신 그림에는 어떤 나라들의 국기가 보여요?
  국기 위에 나라 이름을 써 봅시다.

2 제시, 설명 – 12분

1) 1번 표를 살펴보면서 세계 여러 나라 학교의 개학이나 방학과 관련된 이야기를 주고받는다.
- 신 3월에 새 학년이 시작되는 나라는 어디예요?
  중국의 방학에는 어떤 특징이 있어요?
  일본의 방학은 우리와 어떤 공통점이 있어요?

- ※ 유의점: 위의 국가에 해당하지 않는 나라의 학생이 있는 경우에는 그 나라 방학의 특징에 대해서 이야기하고 2번 활동에 이어지도록 한다.

3 연습 – 13분

1) 자신이 다니는 학교의 방학과 개학을 달력에 표시해

보게 한다.
- 신 여름 방학은 몇 월에 해요? 개학은 몇 월에 해요?
  겨울 방학은 몇 월에 해요? 개학은 몇 월에 해요?
  봄 방학은 몇 월에 해요? 개학은 몇 월에 해요?

2) 달력에 표시한 내용을 발표하도록 한다.

4 적용 – 10분

1) 한국 학교의 개학과 방학에 대하여 소개하는 내용을 3번에 적게 한다.
- 신 여름 방학과 개학에 대해 소개해 봅시다.
- 신 겨울 방학과 개학에 대해 소개해 봅시다.
- 신 봄 방학과 개학에 대해 소개해 봅시다.

2) 적은 내용을 발표하게 한다.

5 정리 – 2분

1) 다른 나라와 비교하여 한국 학교 방학에 대해 이야기해 보게 한다.

2) 교재에 나오지 않은 다른 나라의 방학에 대해 이야기해 보게 한다.

기획·담당 연구원 ——

정혜선 국립국어원 학예연구사
이승지 국립국어원 연구원
박지수 국립국어원 연구원

집필진 ——

책임 집필
이병규 서울교육대학교 국어교육과 교수

공동 집필
박지순 연세대학교 글로벌인재학부 교수
손희연 서울교육대학교 국어교육과 교수
안찬원 서울창도초등학교 교사
오경숙 서강대학교 전인교육원 교수
이효정 국민대학교 교양대학 교수
김세현 서울명신초등학교 교사
김정은 서울가원초등학교 교사
박유현 연세대학교 언어연구교육원 한국어학당 강사
박지현 연세대학교 언어연구교육원 한국어학당 강사
박창균 대구교육대학교 국어교육과 교수

박혜연 서울교대부설초등학교 교사
박효훈 서울원명초등학교 교사
신윤정 서울도림초등학교 교사
신현진 서울강동초등학교 교사
이은경 세종사이버대학교 한국어학과 교수
이현진 서울천일초등학교 교사
조인옥 연세대학교 언어연구교육원 한국어학당 교수
최근애 서울사근초등학교 교사
강수연 서울구로중학교 다문화이중언어 교원

초등학생을 위한
표준 한국어 교사용 지도서
고학년 의사소통 3

ⓒ 국립국어원 기획 | 이병규 외 집필

초판 1쇄 인쇄 | 2020년 3월 10일
초판 1쇄 발행 | 2020년 3월 20일

기획 | 국립국어원
지은이 | 이병규 외
발행인 | 정은영
책임 편집 | 한미경
디자인 | 디자인붐, 박현정, 이경진, 정혜미
일러스트 | 우민혜, 민효인, 김채원, 고굼씨

펴낸 곳 | 마리북스
출판 등록 | 제2019-000292호
주소 | (04053) 서울특별시 마포구 와우산로29길 37 301호(서교동)
전화 | 02)336-0729   팩스 | 070)7610-2870
이메일 | mari@maribooks.com
인쇄 | (주)현문자현

ISBN 979-11-89943-37-0 (64710)
      979-11-89943-30-1 (set)